몬스테라 알보로 시작하는
식테크의 모든 것

몬스테라 알보로 시작하는

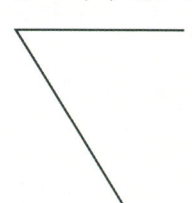

식테크의
모든 것

박선호 에레디소 지음

시월

프롤로그
입시 국어 학원 원장이
식테크를 하게 된 이야기

저는 분당에 있는 '더필에듀국어전문학원'의 원장이자 식물을 키우는 소위 식집사('식물을 키우며 그 시중을 드는 집사'라는 의미로 국내 가드너들이 스스로를 호칭할 때 흔히 사용하는 표현)입니다. 그리고 '더필플랜트'라는 식물 유튜브 채널을 운영하는 유튜버이며, 통신 판매업 사업자 등록을 한 식물 판매업

학원 내부 모습

자이기도 합니다. 어쩌면 저에 대한 사전 정보 없이 이 책을 읽게 된 독자분이라면, 입시 국어 학원 원장이 가드닝책, 그것도 식물 재테크(이후 식테크) 책을 썼다는 점을 의아하게 생각할 수도 있고, 저의 전문성에 대해 의구심을 가질 수도 있을 것입니다. 그래서 우선 제가 어떻게 식물을 키우게 되었으며, 식테크를 시작하게 되었는지에 대해 이야기해 보고자 합니다.

대학에서 국문학을 전공한 저는, ROTC 장교로 군 생활을 마친 후 약 7년간 국어 강사를 했습니다. 그러다 모든 강의를 정리하고 2년간 과외만 하면서 로스쿨 입학을 준비했었습니다. 하지만 경제 사정으로 더 이상 로스쿨 입학 준비를 할 수 없게 되면서, 2017년 다시 모 국어 학원에서 강사 일을 시작했습니다.

제가 다시 일하게 된 학원은 당시 분당 국어 학원 중에서는 가장 큰 규모를 자랑하는 곳이었습니다. 하지만 내부적으로는 이런저런 문제들이 많았는데, 심지어 수많은 강사들 중에서 제대로 된 경력이 있었던 사람은 저 하나뿐일 정도였습니다. 마케팅 회사가 자본을 투자해 만든 학원이었기 때문에 홍보로 학생들을 모으는 것 외에는 다른 강점이 없는 학원이었지요. 아마 이런 사정을 알았다면 입사하지 않았겠지만, 그때의 저는 너무도 절박한 상황이었습니다. 나이는 30대 중반이었는데, 모아 둔 돈이나 재산도 없었고, 가진 것은 강사 경력뿐이었으니까요. 어떻게든 열심히 해서 살아남아야겠다는 생각뿐이었죠. 제가 입사한 직후부터 학원은 점차 어려워지기 시작했고, 체계 없이 돌아가는 학원을 살리기 위해 저는 스스로 교재를 만들고, 커리큘럼을 짜고, 학생 관리 시스템을 도입하는 등 그야말로 고군분투했습니다. 지금 제 유튜브 채널을 관리하는 제자들 말에 따르면 그때의 저는 "수업하다 금방이라도 쓰러질 것처럼 보였다."고 할 정도였으니까요. 이런 노력에도 학원은 거듭된 적자를 메울 수 없었고, 결국 본사의 사업 철수로 폐업을 결정하게 되었습니다.

일하던 학원이 문을 닫게 되었지만 제가 할 일은 오히려 명확해졌습니다. 기존 학원에 있던 집기류와 학생을 인수하여, 제 이름으로 된 학원을 오픈하기로 한 것이죠. 다행스러운 일은 그동안 저에게 수업을 듣던 학생들이 단 한 명도 빠짐없이 새로운 학원으로 따라와 주었다는 점입니다. 또 일부 학생들은 새로 오픈할 학원을 찾아와 이사도 돕고, 학원이 잘될 거라며 응원해 주기도 했습니다. 그리고 이때 인연을 맺은 제자들이 지금도 학원의 직원으로 일하면서 영상 작업과 촬영을 도와주고 있지요.

이렇게 우여곡절 끝에 제 명의로 된 학원을 갖게 되니 오랜 시간 어둡고 컴컴한 터널을 지나 마침내 밝은 곳으로 나온 것 같은 기분이었습니다. 이전에는 혼자 그 큰 학원을 살리기 위해 발버둥 치기 바빴는데, 이제는 비록 규모는 줄어들었지만 훨씬 내실이 탄탄한 학원을 운영하게 되었고, 무엇보다 '내 학원'을 갖게 되었다는 기쁨이 컸습니다.

새로 이사한 학원은 이전 학원에 비해 규모가 작았기 때문에 답답하지 않게 홀을 크게 만들고, 카페처럼 꾸며서 학생들이 자유로이 공부하고 휴식할 수 있게 만들었습니다. 그리고 학원의 남동향으로 크게 난 창문에 학원명 등이 적힌 시트지를 붙이는 대신 그대로 유지해 채광을 좋게 했고, 창가에 바 테이블을 설치해 학생들이 공부하다 지치면 이곳에 와서 창밖을 바라보며 쉴 수 있도록 배려했습니다.

채광을 좋게 해 놓은 덕분에, 이전 학원에서 가져온 식물과 학원을 오픈할 때 받은 식물이 엄청난 속도로 자라기 시작했습니다. 그때 제가 이전 학원에서 가져온 것은 파키라Pachira, 스투키Sansevieria stuki, 산세비에리아Sansevieria superba, 벵갈고무나무Ficus benghalensis 이렇게 네 개였고, 개업 축하로 받은 것은 스투키, 산세비에리아, 크루시아Clusia rosea, 드라세나 레몬라임Dracaena lemonlime, 클로로피텀 코모섬Chlorophytum comosum 이렇게 다섯 개였는데, 이 중 특히 창가에 놨던 클로로피텀이 햇빛을 듬뿍 받아 눈에 띄게 성장했습니다.

↑ 드라세나, 유칼립투스, 몬스테라 등
↓ 벵갈고무나무 등

↑ 왼쪽 : 산세비에리아, 호야 등 오른쪽 : 클로로피텀 코모섬 등

↓ 왼쪽 : 스투키, 몬스테라 오른쪽 : 아가베 아테누아타

그때까지만 해도 식물을 키우는 것에 무관심한 상태였는데, 식물들이 너무 잘 자라는 모습을 보니 제 기분도 덩달아 밝아져서 하나둘 식물을 사 모으는 취미가 생겼습니다. 처음에는 이모님께 선물로 받은 클로로피텀 코모섬(나비란 혹은 접란이라고도 불림)을 번식시키는 데 흥미가 생겨서, 온 학원에 접란 자구(보통 '러너runner'라고 불리는 새끼 접란)들을 수경 재배 하는 유리 화병들을 잔뜩 깔아 놓기도 했었습니다.

흙이 있는 화분을 들여놓으면 벌레가 생길까 봐 수경 재배가 가능한 식물들 위주로 찾아보다가, 몬스테라가 수경 재배가 된다는 사실을 알게 되었습니다. 몬스테라 유묘 몇 개를 3천 원씩에 구입해 흙을 털어 내고 유리 화병에 수경 재배를 시작했습니다. 하지만 수경 재배로는 식물이 자라는 것에 한계가 있다는 것을 깨달았고, 이때부터 흙에서 키울 대형 몬스테라들을 사 모으게 되었습니다. 그때 구입했던 몬스테라 중 하나가 아직까지도 학원 대강의실에 남아 있는데, 그 아이를 보면 가끔 옛날 생각이 나기도 합니다.

수경 재배 중인 식물들

대형 몬스테라

단순하게 취미로 시작했던 일인데 어느 날 저는 몬스테라들 중에서도 무늬가 있는 특별한 개체가 있다는 이야기를 듣고 찾아보았습니다. 그러던 중 인스타그램을 통해 알게 된 독특한 몬스테라에 끌리게 되었죠. 이 개체는 다른 것과 달리 하얀 무늬가 있었는데 이런 독특한 문양을 가진 것을 '몬스테라 알보'라고 부른다는 사실을 알게 되었습니다. 그때부터 '몬스테라 알보'를 구하기 위해 온라인 정보들을 탐색했지만 이 귀하신 몸을 찾는 일은 그렇게 호락호락하지 않았죠.

당시 네이버 스마트스토어에 몬스테라 알보를 입력하면 세 개 정도 검색되었는데, 그 식물들은 진짜 알보가 아닌 통상 '무늬 몬스테라 Monstera deliciosa thai constellation'라 불리는 종이었습니다. 언뜻 보기엔 알보와 비슷하지만, 무늬 색상이 흰색이 아닌 크림색에 가깝고, 무늬 자체도 붓으로 그린 듯한 것이 아닌 물감을 흩뿌린 듯한 느낌을 줍니다. 이 품종은 태국에서 개량해 대량으로 번식시킨 개체로, 무늬가 안정적으로 고정되어 있어 무늬가 사라질 염려가 없고 몬스테라 알보에 비해 가격이 저렴했습니다. 대부분 사람들이 무늬 몬스테라와 몬스테라 알보의 차이를 모르는 것은 물론이고, 심지어 판매자들도 무늬 몬스테라가 알보인 줄 알고 판매하는 일도 많았습니다.

그런데 무늬 몬스테라와 몬스테라 알보의 차이를 아는 것은 식테크를 하기 전에 알아 두어야 할 가장 기본적인 지식입니다. 그때의 저는 무늬 몬스테라와 몬스테라 알보의 차이를 몰랐기 때문에, 당시 10만 원이라는 큰돈을 들여 대형 무늬 몬스테라 하나를 학원에 들이기도 했습니다. 그러나 그 무늬 몬스테라가 몬스테라 알보가 아니라는 사실을, 즉 두 식물의 가치가 크게 다르다는 사실을 알기까지는 그리 오랜 시간이 걸리지 않았죠.

다시 몬스테라 알보를 구입하기 위해 식물 카페 등 온라인을 들락거리다가 중고나라에서 몬스테라 알보를 판매한다는 분을 어렵사리 찾게 되었습니다. 당시 온라인 게시물 등을 보면 몬스테라 알보를 판매하는 경우는 없다시피했고, 거의 대부분 무늬 몬스테라를 판매한다는 내용이거나, 아니면 저처럼 몬스테라 알보를 구입하고 싶다는 구매 의사 글이 대부분이었습니다. 어렵게 찾은 판매자였기 때문에 당장 문자를 보내 뿌리도 없는 몬스테라 알보 삽수 2개를 하나당 15만 원씩, 2개 합쳐 할인된 가격인 28만 원에 구입했습니다. 삽수(揷樹)는 번식을 위해 잘라 낸 줄기나 잎, 뿌리 등을 말하는 것인데, 몬스테라의 경우에는 줄기·잎·기근(氣根, 공중 뿌리)을 포함한 형태를

당시 구매했던 무늬 몬스테라

하나의 삽수로 취급합니다.

  그때만 해도 막연한 지식만 있던 터라, 뿌리가 없는 삽수라도 물에 담가 놓으면 언젠가는 뿌리가 나겠거니 하는 생각으로 구입했습니다. 그런데 사 온 삽수의 사진을 식물 카페에 올렸다가 다른 분들이 단 댓글을 보게 되었습 니다. 뿌리도 없는 개체를 샀다고 안타까워하는 분들도 있었고, 판매자가 터 무니없는 가격에 팔았다며 자기 일처럼 화를 내는 분들도 있었습니다. 특히 저에게 몬스테라 알보를 판매한 사람을 알고 있다는 분이 말씀해 주신 내용 은 더욱 충격적이었습니다. 그 판매자는 얼마 전 카페의 몇몇 멤버들만 비밀

몬스테라 알보 삽수
흙에 식재되어 있지 않은 상태로
줄기·잎·기근을 포함한 것을 삽수라고 한다.

리에 알고 있는 농원에 가서 30만 원에 잎이 6장 정도 달린 몬스테라 알보 화분을 샀고, 그중 탑top 삽수를 제외한 미들 삽수 2개를 잘라 팔아 바로 본전을 되찾았다는 것입니다. 그때 제게 팔았던 사람이 화분을 사 가면서 자신은 이 알보를 잘라서 바로 본전 회수를 할 거라고 자랑하는 말을 들었다고 합니다. 그 사람의 본전을 찾게 해 준 '호구'가 바로 저였던 것이죠.

　제게 이 이야기를 해 준 카페 회원은 판매자에게 화가 났는지, 자신들만 공유하던 농원 정보를 제게 알려 주었습니다. 그곳은 희귀 관엽 취급 농원 중에서도 손꼽히는 곳 중 하나였고, 특히 우리나라에서 가장 많은 몬스테라 알보를 가진 농원이기도 했습니다. 저에게 몬스테라 알보 삽수를 팔았던 사람도 여기서 몬스테라 알보를 구입했던 것이죠.

희귀 식물의 세계로 빠져들다

농원에 찾아갔던 날 정말 드라마틱한 우연이 일어납니다. 알고 보니 농원 사장님이 함께 간 친구의 아버지와 서로 아는 사이인 데다가 심지어 같은 문중 사람이었던 것입니다. 게다가 친구네 집 역시 과거에 농원을 했었는데, 두 분은 그때 작목반을 같이 한 적도 있다더군요. 덕분에 저는 몬스테라 알보를 시세보다 훨씬 저렴한 가격으로 사 올 수 있었습니다. "우리 아들 친구가 거기 갔다는데, 그 무슨 식물인가 그거 싸게 좀 해 줘."라는 친구 아버지의 통화가 결정적이었습니다. 사실 가격을 떠나 제가 구매할 수 있었던 것 자체가 인맥 덕이라고 해도 과언은 아닙니다. 몇몇 식물 카페 사람들이 그 농원에서 몬스테라 알보를 산 뒤 이윤을 붙여 되파는 일이 잦아지자 도매로만 판매하고 있었기 때문이었죠.

　이렇게 몬스테라 알보를 구입해 온 뒤로, 희귀 식물을 판매하는 다른 블로

거들에 대해서도 알게 되었고, 그 후에도 몇 개의 몬스테라 알보를 더 사들이게 되었습니다. 또 몬스테라 알보를 구입하는 과정에서 새롭게 알게 된 옐로우 몬스테라Monstera aurea variegata 역시 사들였습니다. 이때 저는 몬스테라를 포함한 열대 관엽 식물에 그야말로 미쳐 있었습니다. 당시 잎이 7장 있는 옐로우 몬스테라의 가격이 90만 원이었는데, 많은 사람들이 비싸다며 망설일

처음 구매했을 당시의 옐로우 몬스테라

때 저는 한 치의 주저함도 없이 선뜻 구매했을 정도였으니까요.

사실 고등부 국어 학원을 운영하다 보면, 수학이나 영어 학원에 밀려서 주중 수업보다는 주말 수업 비중이 많고, 또한 수학이나 영어에 비해 수강 인원이 적고 학교별로도 진도가 달라 분반이 많기 때문에 인원수 대비 수업량이 훨씬 많은 것이 보통입니다. 학원을 벗어날 시간이 많지 않기 때문에 별도의 취미를 갖기가 힘든 편입니다. 그런 저에게 식물을 키우는 것은 학원을 벗어나지 않고도 할 수 있는 아주 좋은 취미였던 셈이죠.

90만 원에 옐로우 몬스테라를 구입했을 당시, 판매자가 동생네 집 근처에 살고 있어서, 동생에게 식물을 잠시 보관해 달라고 한 적이 있었습니다. 그때 동생이 가격을 듣고는 과거 대기업 회장님이 난 키우듯 하나하나 잎사귀를 닦아 주기도 했습니다. 그렇게 구해 온 옐로우 몬스테라를 저는 애지중지하며 키웠고, 간혹 학생들이 그 식물에 대해 물으면 "저건 정말 내가 아끼는 식물이야. 비싸기도 하지만 우리나라에서 가진 사람이 열 명도 안 될걸?" 하면서 자랑하기도 했었습니다.

나중에 알게 된 사실이지만, 당시 열대 관엽 식물 시장에는 유행이 존재했는데, 그 유행을 일부 식물 수입업자와 화원이 주도하고 있었습니다. 제가 몬스테라 알보와 옐로우 몬스테라를 구입할 즈음에는 이미 몬스테라의 유행이 끝나 가던 중이라, 희귀 열대 관엽 식물 마니아들은 몬스테라 알보를 대부분 다 가지고 있었고, 화원들 사이에서는 새로운 유행으로 희귀 소철과 괴근 식물을 2020년에 새롭게 유행할 아이템으로 준비하고 있던 시기였습니다. 그래서 저에게 옐로우 몬스테라를 판 판매자도, 식물 수입업자에게서 작은 옐로우 몬스테라를 사서 키우다가 유행이 끝나 가는 것을 감지하고 저에게 웃돈을 얹어 팔았던 것이죠. 제 나름대로는 희귀 열대 관엽 식물을 키우는 새로운 취미에 빠져 있었다고는 하지만 이때까지도 여전히 식물계의 초짜였던 저는 그런 사실을 전혀 모르고 있었습니다.

코로나의 시작과 새로운 기회

2019년 11월, 친구가 유튜브 영상을 하나 보내와서 살펴보니, 중국에서 정체불명의 전염병이 번지고 있다는 내용이었습니다. 지금까지도 많은 사람을 힘들게 하는 코로나19(이후 코로나)가 발병한 것이지요. 하지만 저는 학원 일에 바빠서 친구가 보내 준 내용을 흘려 보고는 말았습니다. 한창 시험 기간이기도 했고, 또 식물 키우는 일에도 정신이 팔려 있었거든요. 그러다가 4월쯤 되었을 때, 우리나라에 확진자가 늘어나면서 학원 운영에 제한이 걸리게 되었습니다. 학원 운영 시간도 그랬지만, 무엇보다 인원수 제한이 큰 타격이었습니다. 그리고 점점 더 거리 두기가 강화되면서 전면 온라인 수업으로 전환할 수밖에 없는 상황에 이르렀습니다. 당연히 학원 경영은 점차 어려워질 수밖에 없었죠.

그나마 온라인 수업을 하면서 학원의 명맥을 유지해 가기는 했지만, 결국 월세도 내기 어려운 상황까지 처하고 말았습니다. 지금에서야 덤덤하게 회상할 수 있지만, 그때의 참담한 심정은 이루 말할 수가 없었습니다. 온갖 고생 끝에 내 학원을 개업하고, 조금씩이지만 꾸준히 성장하면서 경제적인 여건도 점점 나아지고 있었던 때이니까요. 저에게 겨우 주어진 희망을 코로나가 송두리째 빼앗아 가 버린 느낌이었습니다.

건물주에게 월세 감면을 조심스레 청했지만, "우리도 사정이 어려워서 요청을 들어주기는 어렵다."는 말만 들었습니다. 보통 월세가 3개월이 밀리면 그때부터는 건물주가 퇴거를 요구할 수 있는데, 어느덧 두 달 치 월세가 밀린 상태까지 되자, 우선 학원을 유지하기 위해 어떻게든 돈을 마련해야겠다는 생각뿐이었습니다. 일단 학원의 집기류를 처분하면 어떨까 싶어 중고나라를 기웃거리기도 하고, 은행에 대출을 알아보기도 했습니다. 그러다 문득 제가 키우고 있던 식물들에 생각이 미쳤습니다.

우선 가격이 제일 비싼 옐로우 몬스테라부터 팔기로 마음먹었습니다. 국내에 가진 사람이 거의 없어서 자부심과 애정을 가지고 키우던 그 아이를 말이죠. 지금 돌이켜 보면 마음을 쏟아 자식처럼 키우던 식물을 어떻게 팔 생각을 했는지 잘 모르겠습니다. 하지만 당장 건물에서 쫓겨날 판이 되자 무엇을 팔아서라도 버텨야겠다는 생각뿐이었습니다.

가을까지 한창 새잎을 내던 옐로우 몬스테라는 겨우내 정신이 없어 관리를 못 해 준 사이 잎의 3분의 1가량이 갈색으로 녹은 상태였습니다. 우선 급한 대로 몬스테라를 10개로 잘라 바로 흙에 식재했습니다. 몬스테라는 각 잎과 이어진 줄기마다 기근 자리와 새싹이 나올 눈이 있기 때문에 줄기와 더불어 잎과 기근을 함께 자르면 하나의 개체가 됩니다. 다만 이런 식으로 바로 흙에 식재할 경우 죽는 개체들이 생길 수도 있기 때문에 지금이라면 그렇게 하지 않았겠지만, 당시에는 흙에 바로 식재하는 것이 좀 더 낫다고 생각하던 때였습니다. 그런 무지 탓에 지금 '더필플랜트' 채널 로고로 쓰고 있는 옐로우 몬스테라 탑 삽수 잎 2개의 뿌리를 녹여 먹었습니다. 지금 시세로 하면 400만 원 이상의 가치가 있는 식물을 말이지요.

그렇게 10개의 옐로우 몬스테라를 만든 뒤, 그중 하나를 제가 운영하고 있던 블로그에 판매하겠다고 올렸습니다. 블로그 이웃이 그렇게 많지는 않았지만, 1년 정도 식물을 키우면서 올렸던 여러 사진과 글 덕분에 관심 있는 분들이 지켜보고 있었죠. 처음 50만 원에 그 개체를 팔고 나서, 더 많은 분들이 옐로우 몬스테라를 사겠다는 문의를 해 왔습니다. 두 번째 개체는 블로그에서 경매를 붙였고, 100만 원 가까운 금액에 낙찰이 되었습니다. 그 후 계

커팅 전 옐로우 몬스테라   ↑ 커팅 후
↓ 당시 블로그에 올린 판매 사진

속 가격이 올라가서 200~300만 원 정도에 시세가 형성되었습니다. 그때만 해도 옐로우 몬스테라를 가진 사람이 국내에 거의 없었던 덕분에 쉽게 가격이 오를 수 있었습니다.

이렇게 급속도로 식물이 팔리는 것을 보니 기쁘기도 하고, 신기하기도 했습니다. 무엇보다 "이렇게 높은 가격에도 팔릴 수가 있구나!" 하는 생각이 들었습니다. 저는 본능적으로 이것이 새로운 기회가 될 수 있음을 직감하고 본격적으로 식물을 판매해야겠다고 생각했습니다.

세무서와 시청에 가서 블로그 주소와 인스타그램 계정을 도메인으로 하여 통신 판매업 신고를 하고, 화훼 관엽 식물 통신 판매에 관한 면세 사업자를 내고, 이후 네이버에 스마트스토어까지 만들면서 본격적으로 식물 판매업자가 되었습니다. 학원 운영이 여전히 어려운 와중에 희귀 식물의 판매를 통해 수익을 내 본 저로서는 망설일 이유가 없었죠. 처음 판매를 시작했을 때 주요 판매 루트는 블로그와 인스타그램, 그리고 스마트스토어 이렇게 세 군데였습니다.

더필플랜트 스마트스토어에서 판매하고 있는 식물들

제가 스마트스토어를 시작할 당시, 몬스테라 알보를 검색해서 나오는 상품은 전부 무늬 몬스테라였고, 진짜 몬스테라 알보를 판매하는 사람은 저 하나뿐이었습니다. 제가 진짜 몬스테라 알보를 판매했기 때문인지 무늬 몬스테라를 몬스테라 알보로 속여서 파는 사람들은 어느 순간 하나둘 소리 없이 사라져 버렸습니다. 그렇게 저는 온라인 마켓에서 유일한 몬스테라 알보 판매자가 되었습니다. 처음 몬스테라 알보를 판매하기 시작했을 때 20만 원에 올렸던 잎 1장짜리 개체가 순식간에 팔리는 것을 보고, 조금씩 가격을 올리기 시작한 것이 잎 1장에 최고 100만 원까지 판매가 되었습니다. 2020년 초여름쯤의 일입니다. 그 후로도 거의 반년 동안 스마트스토어에서 몬스테라 알보 판매자는 저 혼자뿐이었습니다.

여름이 지나면서 스마트스토어에 몬스테라 알보를 판매하는 판매자가 조금씩 나타나기 시작했고, 이때부터 몬스테라 알보의 가격대는 잎 1장당 50~80만 원 정도에 형성되었습니다. 그리고 그 시세는 현재까지도 비슷하게 유지되면서, 겨울에는 조금 하락하고 봄에는 조금 상승하는 추세를 반복하고 있습니다. 이렇게 몬스테라 알보를 포함한 희귀 몬스테라 시장이 만들어지면서 저의 수익도 올라갔습니다. 사실 학원의 적자 폭과 거의 비슷하게 식물에서 수익이 났기 때문에, 전체적인 수익은 코로나 이전이나 코로나 이후나 비슷한 수준입니다만, 그래도 현재로서는 식물에서 나는 수익으로 생활을 유지하고 있기 때문에 저로서는 감사한 상황이 아닐 수 없습니다.

이제 와서 돌이켜 보면 운이 매우 좋았던 것도 있고, 또 식물 판매 시작 당시에는 고려하지 못했지만 코로나로 인해 식물 인구가 크게 늘어난 것도 행운이었다는 생각이 듭니다. 이러한 현상이 국내에만 국한된 것이었다면 흐름이 금세 사그라졌겠지만 전 세계적인 현상이었고, 코로나는 2022년 현재도 계속되는 만큼 식물을 통해 돈을 버는 식테크 현상이 앞으로도 지속되지 않을까 생각하고 있습니다. 또한 생활 수준 향상과 환경 변화 등 식물을 생활의 중심에 놓는 플랜테리어가 유행하고 있으므로 앞으로도 식물 시장이 점점 더 커질 것이라 기대하고 있습니다.

가끔 월세가 밀려 전전긍긍하던 때의 저를 생각해 봅니다. '만약 제가 식물을 키우지 않았다면, 본격적인 식테크를 하지 않았다면, 내 삶은 어떻게 되었을까?' 가정은 의미가 없다고 하지만 당시를 떠올려 보면 아찔할 때가 있습니다. 이 식물들은 분명 저에게 새로운 기회를 주었습니다. 물론 우리가 매체에서 접할 수 있는 엄청난 투자자들처럼 경제적 자유를 구가할 정도거나, 돈 걱정을 할 필요가 전혀 없는 삶은 아닙니다. 하지만 분명 식테크는 저의 일상을 지켜 주었고, 제가 큰 걱정 없이 학원을 유지할 수 있게 해 주었습니다.

그리고 좀 더 많은 사람들에게 이 노하우를 전하기 위해 유튜브를 운영하고, 그것만으로는 모든 것을 담지 못할 것 같아 이 책을 세상에 내놓았습니다. 저는 여전히 '돈이 되는' 식물을 잘 구해서, 건강하게 키워, 좋은 가격에 판매하는 것은 누구라도 할 수 있는 일이라고 확신합니다. 그런 점에서 이 책이 누군가에게 작지만 분명한 도움이 되었으면 좋겠습니다.

The Feel Plants

차례

프롤로그

입시 국어 학원 원장이 식테크를 하게 된 이야기 • 4

PART 1

식테크란 무엇인가?

1 식테크는 어떻게 생겨났고 어떻게 이루어질까? • 28
2 식테크로 수익을 올리는 고등학생 제자와 친구 • 45

PART 2

식테크, 어떻게 시작할까?

1 돈이 되는 식물은 따로 있다? • 56
2 식물을 구입하기 전 준비하고 체크해야 할 점들 • 84
3 좋은 몬스테라 알보를 구입하는 방법 • 100

PART 3
몬스테라 알보 키우기

1 몬스테라 알보를 잘 키우는 법 • 136
2 몬스테라 알보에 문제가 생겼을 때 대처하는 법 • 174
3 커팅을 통한 삽수 만들기 • 187
4 커팅 후 순화 방법 • 204

PART 4
식물로 수익 창출하기

1 어떻게 하면 식물을 비싸게 판매할 수 있을까? • 222
2 식물 판매 외에 식물로 수익을 내는 방법들 • 233
3 식테크의 미래와 전망, 신품종 개량과 해외 수출 • 237

부록
식집사의 세계

1 식집사들의 용어와 어원 • 248
2 식집사들의 명품, 수제 토분의 세계 • 252
3 식집사들의 활동 무대 • 263

Part 1

식테크란 무엇인가?

1 식테크는 어떻게 생겨났고 어떻게 이루어질까?

예전에 외국 식물 유튜버가 애플과 테슬라 주식, 그리고 몬스테라 알보의 수익률을 비교한 영상을 올렸습니다. 결론만 말씀드리자면 2020년 한 해 동안 몬스테라 알보의 수익률이 애플이나 테슬라 주가를 통해 얻을 수 있었던 수익보다 훨씬 높다는 주장이었습니다. 최근에는 베트남 다낭의 한 부자가 15억 원 상당의 슈퍼카와 난초 몇 개를 교환해 화제가 된 바 있습니다. 그 부자 역시 식테크를 위해 난초를 사들였고, 일종의 투자 수단으로 여겨 커다란 농원에서 난초들을 키우면서 수익을 올리고 있었습니다. 전 세계적으로 식테크 붐이 일어나고 있는 상황입니다.

특히 코로나 이후 이 현상이 더욱 두드러졌고 각국의 코로나 극복을 위한 통화량 증가로 식물 가격은 수직 상승 했습니다. 코로나 이전과 비교해 보면 몇몇 열대 관엽의 경우 거의 10배 이상 가격이 올랐죠. SNS에서 불기 시작한 식물 유행과 더불어 몇몇 인플루언서들이 쏘아 올린 식물 가격은 코로나와 더불어 고도성장하면서 현재의 시세를 이루었습니다. 일부 사람들은 이렇게 올라간 식물 가격을 거품이라고 폄훼하기도 합니다. 급작스럽게 오른 가격 때문에 식테크를 투기라고 보는 시선도 존재합니다.

이러한 식물 가격 상승과 국내 식테크를 주도한 배경에는 '몬스테라 알보'가 있습니다. 몬스테라 알보는 몬스테라의 돌연변이종으로, 씨앗이나 조직 배양으로는 번식이 거의 불가능한 희귀종입니다. 그래서 모든 몬스테라 알보는 삽수(줄기·잎·기근을 함께 잘라 물에 담가 두는 방식)나 흙에 식재하는 방식으로 번식을 시킵니다. 즉, 대량 생산이 힘든 식물입니다. 이런 특성 때문에 희소성이 높아 많은 가드너와 식집사 들이 찾는 인기 식물이기도 합니다. 이러한 인기를 등에 업고 알보는 꾸준히 거래량이 늘고 있는 식물계의 스테디셀러이자 식물계의 비트코인입니다.

다양한 몬스테라 알보들

다양한 몬스테라 알보들

　몬스테라 알보뿐 아니라 또 다른 희귀 몬스테라들과 필로덴드론, 안수리움 등의 가격도 폭등하면서 식테크 시장 규모가 커졌습니다. 특히 몬스테라, 필로덴드론, 안수리움은 바나나뿌리썩음병의 원인인 뿌리썩이선충의 기주식물로 분류되어 수입이 금지되어 있거나 제한되어 있는 상태입니다. 식물 시장에서 형성되는 가격은 여러 요인에 따라 변화하는데 몬스테라 알보와 같은 특정 품종의 경우 국제 시세보다 국내 시세가 더 높은 반면, 무늬 아단소니Monstera adansonii variegata종 같은 경우는 국내 시세가 국제 시세보다 더 저렴하기도 합니다.

　아무리 희귀하다 하더라도 왜 이런 식물들이 이렇게 높은 가격으로 거래되는지 많은 사람들이 제대로 이해하지 못합니다. 혹자는 일시적 유행에 따른 비정상적 가격이라고도 하고, 모종의 작전 세력에 의한 투기라고 주장하기도 합니다. 근래 있었던 희귀 다육이 방울복랑금의 가격 폭락이나 과거 네덜란드 튤립 투기 등과 연결 지으면서 몬스테라 알보 또한 얼마 못 가 가격이 폭락할 것이라고 이야기하기도 합니다. 하지만 2019년 이후 현재까지도 몬스테라 알보는 가격을 유지하고 있으며, 그 외 몬스테라 알보 상위종 같은 희귀 몬스테라들 역시 큰 변동 없이 일정한 가격대를 형성하고 있습니다.

하지만 희귀 열대 관엽 식물들이라고 모두 비싸게 팔리는 것은 아닙니다. 품종이 워낙 다양하다 보니 인기가 없는 일부 개체는 거래량 자체도 많지 않고 가격 또한 낮은 편입니다. 또 어떤 품종은 가격 변동 폭이 크기도 합니다. 상황에 따라 여러 변수가 있어서 아직은 시장이 견고하게 형성된 것은 아니라고 할 수 있습니다.

안수리움 클라리네비움

필로덴드론 플로우마니

몬스테라 알보의 특징

많은 분들이 몬스테라 알보를 식테크 수단으로 삼고 있고, 일부 농원에서도 몬스테라 알보를 대량으로 번식시키기 위해 노력하고 있지만, 여전히 공급이 수요를 따라잡지 못하고 있는 상황입니다.

그럼 어떤 점들이 몬스테라 알보를 이렇게 특별하게 만들었을까요? 일단 몬스테라 알보가 지닌 상징성이 가장 클 것 같습니다. 몬스테라 알보가 속한 몬스테라 델리시오사종은 열대 관엽 식물들 중 가장 잎 사이즈가 크고, 찢어진 형태의 잎과 잎에 난 구멍이 특징인 식물입니다. 덕분에 과거부터 현재까지 북유럽 등지에서 플랜테리어로 많이 사용되는 품종입니다. 그리고 이러한 몬스테라 델리시오사의 돌연변이 품종 중 가장 뚜렷한 무늬를 가지고 있는 것이 몬스테라 알보입니다. 즉 몬스테라 알보는 희귀 열대 관엽의 대표적인 품종이라고 할 수 있습니다.

다양한 델리시오사종의 식물들

다양한 델리시오사종의 식물들

　사정이 이렇다 보니 몬스테라 알보의 거래량이 희귀 열대 관엽 중 가장 많을뿐더러, 새롭게 식물을 키우기 시작한 초보들도 SNS 등을 통해 첫 식물로 몬스테라 알보를 선택하는 경우가 많아졌습니다. 이러한 인기에 편승해서 인스타그램이나 블로그를 운영하는 사람들이 전략적으로 몬스테라 알보에 대한 내용들을 다뤄서 팔로워나 이웃을 늘리기도 하고, 플랜테리어 카페나 희귀 식물 카페에서도 몬스테라 알보를 키워 홍보함으로써 고객을 늘리는 등 다양한 활용이 이루어지고 있습니다. 이러한 상황이 더욱더 큰 홍보 효과를 가져오는 것과 동시에 공급과 수요의 더 큰 불균형을 초래해 가격 상승을 이끌어 내고 있는 것입니다.

더불어 몬스테라 알보에 대한 수요 욕구는 필요시 현물을 현금으로 바꿀 수 있는 편의성, 즉 환금성을 더욱 높여서 시중 거래가의 70~80% 가격으로 매물을 내놓으면 하루 안에, 빠르게는 한 시간 안으로도 전량이 판매되어 버리기 때문에 자산으로서의 가치도 더욱 높아지고 있는 상황입니다. 즉 가상화폐와 비슷한 식물계의 화폐가 되어 버린 셈이지요. 그래서 실제로 몬스테라 알보보다 더 희귀한 식물을 구하고자 할 때, 몬스테라 알보를 거래 수단으로 쓰기도 하고, 부가가치세가 면제되는 식물의 특성으로 인해 증여의 수단으로 이용하기도 합니다.

이런 이유로 몬스테라 알보를 통한 식테크는 식물 마니아들 사이에서 하나의 산업처럼 자리 잡게 되었습니다. 일정한 수준을 유지하는 거래량은 시장을 견고하게 만들었고 이는 몬스테라 알보에 대한 지속적인 수요를 일으켰습니다. 동시에 몬스테라 알보를 번식시켜 시장에 공급하는 유통 경로가 활성화되도록 하는 데 일조했습니다.

대량 번식이 쉽지 않을 뿐, 키우는 것 자체는 크게 어렵지 않다는 점 또한 몬스테라 알보가 지닌 장점입니다. 이는 농원 같은 전문 집단뿐 아니라 일반 개인도 손쉽게 집이나 사무실 등에서 재배할 수 있는 여건을 만들어 새로운 시장을 형성했고 자연스럽게 수익 창출로 이어졌습니다.

지금 현재도 중고나라나 당근마켓에 들어가 몬스테라 알보를 검색해 보면 수많은 몬스테라 알보가 올라와 있는데, 대부분 판매가 완료되었거나 거래 중인 것을 알 수 있습니다. 스마트스토어를 비롯한 다른 마켓 플랫폼에서도 몬스테라 알보는 고가에 판매되고 있습니다. 이 외에도 인터넷 식물 카페나 유명 인플루언서의 블로그, 인스타그램 등등 다양한 루트를 통해 거래가 이루어지고 있죠. 이러한 식테크 시장은 어느 날 갑자기 만들어진 것이 아닙니다. 오랜 기간 식물 마니아들이 거래를 하면서 시장을 형성했고, 업자들 또한 이 시장에 뛰어들어 식물을 수입해 판매하면서 이를 더욱 견고하게 만든 것이죠.

코로나로 인해 급격히 성장한 몬스테라 알보 시장

과거 우리나라 관엽 시장은 그리 크지 않았습니다. 난이나 다육이, 또는 개업이나 승진 축하 화분 등이 주축을 이루는 시장이었죠. 북유럽 인테리어가 유행하면서 몬스테라 등 특정 열대 관엽 식물이 인기를 끌기도 했지만, 식물을 취미로 키우는 사람들이나 인테리어에 신경 쓰는 일부 주부들 사이에서 불었던 작은 유행 정도였습니다. 특히 식물을 재배하기 위해서는 충분한 일조량이 필수 요소인데, 이를 확보할 수 있는 공간을 갖추려면 어느 정도 경제력이 있어야 했고, 그래서 식물 키우기는 자연스레 30대 이상 나이가 있는 층에서 즐기는 취미라는 인식이 강했습니다.

몬스테라를 비롯한 열대 관엽 식물은 플렌테리어 소재로 큰 인기를 끌고 있다.

코로나 이전까지 10대~20대의 젊은 층에게 식물을 키우는 것은 따분하고 고리타분한 취미에 지나지 않았죠. 그러다가 코로나의 유행으로 집 안에 머무는 시간이 늘어나고, SNS의 발달로 해외 가드닝 문화가 국내에 전파되면서 식물을 키우는 젊은 층이 늘어나기 시작했습니다. 특히 인스타그램 등을 통해 전파된, 화려하고 선명한 무늬와 색상과 모양을 가진 열대 희귀 식물들이 유행하기 시작했죠. 물론 코로나 이전에도 이러한 취미를 가진 젊은 층들이 있었으나 그리 많지 않았고, 식물 마니아 시장은 20~30대의 열대 관엽, 40~50대의 다육이, 그리고 60대 이상의 춘란 정도로 삼분되어 있었습니다.

코로나 이전 국내 희귀 열대 관엽 시장을 살펴보면, 식물을 수입하는 특정 업자들이 지속적으로 새로운 식물을 국내 시장에 소개하고 이를 2천에서 3천 명 정도 되는 희귀 열대 관엽 마니아층이 소비하는 구조였습니다. 희귀 식물은 수입 초기에는 희소성 때문에 가격이 높게 책정되지만 보급 물량이 늘면 가격이 떨어지는 현상이 반복됐습니다. 몬스테라 알보 역시 이런 과정을 거쳐 이미 포화 상태였고, 수입업자들은 다음 유행을 이끌 새로운 식물로 희귀 소철과 괴근 식물을 준비해 들여오고 있던 상황이었습니다. 지금도 몇몇 희귀 식물 카페나 식물 판매 매장을 보면 그때 수입되었던 희귀 소철이나 괴근 식물을 볼 수 있습니다.

그런데 희귀 열대 관엽을 키우고자 하는 인구가 늘어나면서 시장이 확대되었고, 기존의 몬스테라나 안수리움, 필로덴드론 같은 천남성과(天南星科) 식물들의 유행이 그대로 이어지면서, 몬스테라 알보를 가지고 있던 마니아층이 많은 돈을 벌게 되었습니다. 농원들이 새로운 식물에 투자하고 있는 사이, 새로운 식물 인구들은 기존의 마니아층에게서 천남성과 식물들을 구입하게 되었습니다. 이를 계기로 경제력을 갖춘 기존 식물 마니아층의 일부가 수입 시장에 뛰어들어 좀 더 다양하고 많은 식물을 수입하는 상황에 이르렀습니다. 이러한 시장 변화에 따라 기존 열대 관엽 식물 마니아층이 식테크를 통해 금전적 이득을 보게 된 것은 사실이었죠.

이후 시장 규모의 확장과 더불어 수익이 커지자 식물 마니아들 사이에 수많은 사건 사고가 일어났습니다. 식물 수입업자들이 국내 시장 확장에 힘입어 좀 더 적극적으로 해외 셀러들에게 접근해 식물을 사들이게 되었는데, 이 과정에서 다른 나라 수입업자들보다 비싼 가격으로 식물을 구매해 세계적으로 호구 취급을 받는가 하면, 이렇게 사들인 식물을 10배 이상 높은 가격으로 국내 소비자들에게 판매해 폭리를 취하기도 했습니다. 이 외에도 금지 식물을 몰래 수입해 파장을 일으키기도 하고, 식물을 수입해 주겠다고 소비자들에게 미리 돈을 받은 뒤 잠수를 타기도 하는 등 많은 일들이 있었습니다.

또 돈이 되는 시장이다 보니 몇몇이 팀을 짜 새로 수입한 식물을 비싸게 팔기 위해 인터넷 식물 카페에서 언론 플레이를 하거나, 소비자의 식물 관련 지식이 어느 정도인지에 따라 각각 다른 가격에 식물을 판매하는 일을 벌이기도 했습니다. 심지어는 농원의 비닐하우스를 찢고 들어가 식물을 훔치거나, 식물 카페에 있는 식물을 잘라 가는 등 열대 관엽 식물계는 한마디로 혼란의 도가니였습니다. 그러나 이러한 과정을 거치면서 열대 관엽 식물 시장은 점차 균형을 찾았고, 현재는 몬스테라 알보를 중심으로 안정적 시세의 수요 공급 시장이 형성되었습니다.

식테크 시장의 전망과 과제

식테크 시장은 현재도 좀 더 개선되어야 할 부분이 많은 시장임은 분명합니다. 우선 가격 투명성 문제가 여전합니다. 예전보다는 많이 나아졌지만 초기 희귀 열대 관엽 시장은 대체로 개인 블로그나 식물 카페 등을 통해 거래가 이루어졌습니다. 초기 식물 마니아들 사이에서는 식물을 거래해 돈을 버는 행위를 터부시하는 경향이 있었기 때문에 판매자가 가격은 빼고 사진과 설명만 올리면 구매자들이 비밀 댓글로 가격을 물어보고 구입 여부를 결정하는 방식을 취했습니다. 그러다 보니 여러 가지 문제가 생겼습니다. 우선 식물을 파는 사람이 구매하고자 하는 사람에 따라 식물 가격을 다르게 부르는 경우가 빈번했습니다. 해당 식물에 대해 지식이 없는 사람에게는 터무니없이 높은 가격을 부르기도 했죠. 게다가 식물 판매 가격이 드러나지 않으니 탈세 가능성도 높았습니다.

또한 판매 대상인 식물 자체에 대한 정보의 불균형 역시 큰 문제입니다. 아무래도 식물 판매자는 구매자보다 판매 식물에 대한 이해도도 높을뿐더러, 식물 종 특성에 대해서도 잘 알고 있기 마련입니다. 즉 판매자가 구매자에게 식물에 대해 제대로 된 정보를 주지 않고 높은 가격에 판매하고자 하더라도 구매자는 알기 힘든 것이 사실입니다. 그나마 최근에는 희귀 열대 관엽 식물 관련 정보가 많이 늘어났고, 또 대표적인 거래 식물인 몬스테라 알보의 경우에는 블로그나 유튜브 등을 통해 다양한 정보가 알려진 상태이기 때문에 과거처럼 불공정 거래가 발생하는 경우는 드물지만, 몇 년 전만 해도 무늬 몬스테라를 몬스테라 알보로 둔갑시켜 버젓이 온라인 스토어에서 판매하는 행위가 공공연히 일어나곤 했습니다. 오죽하면 식테크 정보를 다룬 매체들이 하나같이 몬스테라 알보와 무늬 몬스테라 구별법을 기사 첫머리에 적었겠습니까.

불공정 거래로 인해 식물 초보자가 추가적인 비용을 지불하는 것이 일종의 수업료처럼 여겨지는 관행이 성행한다면 좋은 시장이 될 수 없습니다. 따라서 좀 더 많은 정보가 공개되어야 하고, 거래 자체가 음지에서 양지로 나올 수 있도록 변화가 필요한 상황입니다. 최근에는 많은 분들이 통신 판매업 사업자 등록을 하고, 인터넷 스토어 등 정식 방법을 통해 식물을 판매하고 있습니다. 하지만 수입된 지 얼마 되지 않았거나, 부정한 방법으로 수입된 극희귀 식물인 경우에는 아직까지도 비밀스러운 거래가 이루어지고 있고, 이러한 거래로 인한 피해는 고스란히 소비자가 떠안을 수밖에 없는 상황입니다. 물론 소비자도 판매자의 불공정한 거래에 대해 소비자보호원이나 금융감독원, 국세청, 농림축산검역본부 등에 신고를 하는 방법으로 판매자의 부당한 행위에 대응할 수는 있습니다만, 대다수 구매자들은 이러한 경로에 대해서 잘 알지 못할뿐더러, 신고가 가능하다는 사실조차 모르고 있는 경우가 많습니다.

이러한 문제들 외에도 추가적으로 식테크 시장에 대한 인식 개선도 필요한 상황입니다. 현재 희귀 열대 관엽 식테크 시장에 대해 대부분 사람들은 크게 두 가지 입장을 취합니다. 기존 진입자와 추가 진입 예정자는 시장이 계속 유지가 되어 수익을 지속적으로 낼 수 있기를 바라고, 경쟁 식테크 식물인 다육이나 춘란 등을 판매하는 사업자들은 관엽 식물 시장이 폭락하기를 기대합니다. 이는 모두 식물을 단순히 투자나 투기 대상으로 보기 때문입니다. 하지만 식물 시장을 이런 근시안으로 파악하는 것은 잘못입니다. 좀 더 미래지향적인 관점에서 식물 시장이 발전할 수 있는 길을 모색해야 합니다.

전 세계적인 친환경 추세와 플랜테리어의 성장으로 늘어난 식물 수요, 그리고 자신만의 개성을 추구하는 젊은 세대의 욕구와 맞물려 급속도로 성장한 시장이 바로 이 희귀 열대 관엽 식물 시장입니다. 물론 과거에 있었던 튤립 투기, 춘란과 다육이의 유행으로 인한 가격 폭등 및 폭락과 같은 좋지 않은 전례를 따라갈 것이라는 부정적 시각도 있습니다만, 그때와는 상당히 다른 양상을 보이고 있다는 점 역시 간과해서는 안 됩니다. 튤립 투기의 경우는 튤립이 선물 거래 성격을 띠고 있었던 데다가 구근 식물 특성상 일정 기간 동안은 거래를 할 수 없어 시장 불안감을 높이는 등 여러 부정적인 요인이 있었습니다. 따라서 현재 안정적으로 운영되고 있는 열대 관엽 시장과 단순 비교를 하는 것은 맞지 않습니다. 춘란과 다육이의 경우 조직 배양이 가능하여 대량 생산이 된 점과 특정 지역 그리고 특정 연령대에 한정된 유행이라는 점에서 차이가 있습니다. 즉, 역사라는 거울을 통해 미래를 예측해 볼 수는 있겠으나, 희귀 관엽식물과 튤립투기는 여러가지 다른 점이 많은 만큼 과거에 있었던 일이 현재에도 반복되리라고 보는 시각은 다소 편협한 측면이 있습니다.

현재 열대 관엽 시장은 전 세계적으로 붐이 일고 있어서 가드닝 시장, 플랜테리어 시장, 친환경 생활 양식을 기반으로 하는 시장 등 다양한 관련 산업이 함께 성장하고 있습니다. 국내의 경우에도 열대 관엽 시장은 수제 토분이나 식물 카페, 가드닝 용품 시장 등과 발을 맞춰 성장하고 있으며, 이러한 추세는 과거 춘란이나 다육이 때의 특정 시기, 특정 지역 내에서의 유행과는 명확히 다른 흐름으로 작용하고 있습니다. 따라서 이러한 식테크 시장을 단기 투기성 시장이라고 보는 것은 잘못이며, 국내 원예 화훼 시장의 발전과 신품종 개량 등을 통한 국내 산업 성장 등 장기적인 관점에서 이를 판단해야 할 것입니다. 단순히 식테크 시장을 통해 돈을 버는 것만이 아니라, 이러한 수익 창출이 다시 투자로 이어져 국내 산업 활성화에 기여할 수 있다면 더더욱 좋은 일이 되겠지요.

또한 희귀 열대 관엽 시장이 성장하여 10대 등 젊은 세대가 관심을 가진다면 새로운 직업군이 탄생할 가능성이 있습니다. 이는 우리 아이들이 선택의 폭을 넓힐 수 있는 열쇠가 되겠지요. 국가 차원에서 지원한다면 귀농 인구 유치, 도시 과밀화 방지 등 여러 측면에서 유효한 성과를 낼 수 있는 분야이기도 합니다. 저 역시 희귀 열대 관엽 식물 시장이 확장될 것으로 예상하고 전원주택을 구해 귀농하려는 계획을 가지고 있습니다. 또 어린 학생들을 가르치는 입장이다 보니 학생들의 진로에 대해서도 고민을 많이 하게 되는데, 예상보다 많은 학생들이 식물에 관심을 보이고 있고, 농학이나 생물학 방향으로 진로를 정하고자 하는 학생들이 늘어나는 것을 보면 저의 관찰이 틀리지만은 않았다는 생각이 들곤 합니다.

젊은 세대가 식물에 보이는 높은 관심은 앞으로 시장 성장 및 활성화에 긍정적 영향을 끼칠 것이고, 이렇게 형성된 희귀 열대 관엽 식물 시장은 우리나라 산업 발전에 기여할 수 있는 매력적인 분야임이 분명합니다.

하지만 이런 거창한 이야기는 일단 뒤로 미루고 왜 제가 여러분들에게 식테크를 권하는지, 좀 더 실생활적인 차원에서 접근해 보겠습니다.

2
식테크로 수익을 올리는 고등학생 제자와 친구

얼마 전 학원 학생 중 하나가 케이크를 사 가지고 왔습니다. 반년쯤 전에 이 학생이 몬스테라 알보를 키워 보고 싶다고 해서 제가 몬스테라 알보 삽수 하나를 무료로 분양해 준 적이 있습니다. 이 학생은 그것을 잘 순화(馴化, 잘라낸 줄기가 흙에서 뿌리가 내리도록 하는 과정)시켜서 키운 후, 다시 삽목(挿木, 식물의 가지나 잎을 잘라 내 다시 심는 방법)해서 몬스테라 알보 화분을 6개까지 늘렸다고 하더군요. 그리고 얼마 전에 그중 일부를 당근마켓에서 팔아 100만 원을 벌었다며 감사의 의미로 선물을 사 왔던 것입니다.

이 학생은 공부도 잘하고 꼼꼼한 성격이었는데, 몬스테라 알보의 삽목 방법을 제게 상세히 물어보며 순화에 성공했고, 삽수를 잘 커팅cutting하여 개체 수를 솜씨 좋게 불렸습니다. 그 결과 약 반년 만에 스스로 몬스테라 알보를 번식시킨 것은 물론 판매에까지 성공하여 앞으로도 안정적으로 월 100만 원 정도의 수익을 낼 수 있는 기반을 만들었습니다. 스스로 학원비를 내고도 남을 정도의 용돈 벌이가 된 셈이죠.

또 한 제자에게는 2년 전쯤 필로덴드론 플로우마니Philodendron plowmanii를 분양해 줬는데 현재는 커다란 플로우마니를 세 포트나 키우고 있기도 합니다. 플로우마니는 일조량이 중요한데 아마 학생 집에 해가 무척 잘 들었던 모양입니다. 그 외에도 무늬 몬스테라를 분양받아 간 제자도 여럿 있고요. 평소에 제자들 중 식물에 관심이 있는 학생들에게는 무료로 식물을 분양해 주거나 졸업 선물로 주기도 합니다. 그래서 저희 학원에 다니는 학생들 대부분은 하나 이상의 식물을 키우고 있습니다.

제자에게 분양해 준 필로덴드론 플로우마니

물론 식물을 분양받은 제자들이 모두 식물을 잘 키우는 것은 아닙니다. 식물의 생장 환경이나 식물에 대한 관심 등이 식물 성장과 번식 결과에 큰 영향을 미치니까요. 하지만 대부분 친구들이 식물을 키운다는 사실 하나만으로도 생명체에 대한 책임감을 느끼고, 또 정서적으로 안정감을 얻고 있다고 하니 이것만으로도 큰 소득이 아닐까 하는 생각이 듭니다. 또 식물을 통해 학생들과 소통 채널을 하나 더 만들 수 있다는 장점도 있더군요. 젊은 세대들이 좋아할 만한 희귀 열대 관엽 식물을 소개하고, 또 분양해 주다 보면 그들과 소통할 때 좀 더 친근하고 자연스러운 대화를 할 수 있었습니다.

  이처럼 식물을 키우면서 학원 분위기가 아늑하고 편안하게 바뀌었습니다. 저희 학원은 식물을 많이 키우다 보니, 식물 카페 같은 느낌이 납니다. 자연스럽게 학생들이 식물에 관심을 가지기도 하고, 또 좀 더 쾌적한 분위기에서 공부를 할 수 있다는 점에서 학생들이 학원에 갖는 애착도 더 커지는 것 같습니다. 실제로 우리 학원은 진학을 한 학생들이 수시로 들락거리는 경우가 많은데, 학원에 다니면서 느낀 정서적 안정감이 크기 때문이 아닌가 하는 생각이 듭니다. 물론 이 안정감은 학원을 장식한 여러 식물 덕분이겠지요.

정서적인 측면뿐만 아니라 실질적인 체감 효과도 있어서 미세먼지가 심한 날에도 학원 내 미세먼지 수치는 거의 올라가지 않습니다. 식물을 키우기 전에는 외부 요인에 따라 실내 미세먼지 수치가 급격하게 올라가는 경우도 있어서 공기청정기를 7대씩 돌리기도 했습니다. 하지만 요즘은 공기청정기를 가동하지 않아도 몸이 체감할 수 있을 정도로 미세먼지 수치가 낮습니다. 식물을 키우는 것만 해도 심리적으로 도움을 받는데 여기에 쾌적한 공기까지 덤으로 얻을 수 있다는 것은 큰 장점이 아닐 수 없습니다.

이렇게 식물 자체가 주는 긍정적인 효과 외에도 부업 개념에서 식테크가 가지는 장점은 상당합니다. 세 달쯤 전에 친한 고등학교 친구가 제 유튜브 영상을 보고 찾아와 몬스테라 알보 화분 하나를 저렴하게 분양받아 간 일이 있었습니다. 이 친구는 분당에 있는 IT 계열 회사를 다니는데, 평소 부업이나 은퇴 후 수익 창출에 관심이 많은 친구였습니다. 그 전까지는 제가 식물을 키운다는 사실을 알고는 있으면서도 이쪽 시장에는 크게 신경을 쓰지 않다가 최근 관련 기사가 하나둘 나오면서 식테크에도 관심을 가지게 된 것이죠.

친구가 분양받아 갔던 몬스테라 알보는 잎이 4장짜리였는데 성장에 탄력이 붙었던 개체라 두 달 만에 새잎 2장을 새로 냈고, 나중에는 잎이 총 6장이 되었습니다. 최근에는 제게 어느 부분을 커팅하면 좋을지 상의하면서 개체 수를 4개로 늘렸죠. 이 중 일부를 판매하면 본전을 회수하고도 남을 정도로 이익을 얻을 수 있지만, 앞으로 좀 더 많은 개체 수를 확보해 고정적 수익을 만들기 위해 현재 판매는 하지 않고 번식만 하고 있는 중입니다.

사실 이 친구는 그 전에 식물이라고는 키워 본 적이 없었지만, 별다른 진입 장벽 없이 100만 원을 투자해서 3개월 만에 추가적인 수익을 낼 수 있는 상황까지 왔습니다. 물론 제가 저렴하게 분양해 준 것도 있지만, 원래 시세대로 샀다 하더라도 6개월 정도면 본전을 회수하고도 모주를 획득하였을 것입니다. 이 친구가 식물을 위해 준비한 것은 식물등 하나와 물조리개, 그리고 물꽂이용 화병 하나가 전부였습니다. 집에서 키우기 때문에 특별히 공간을 준비할 필요도 없고, 화분 수를 많이 늘리지 않는 한 공간을 크게 차지하지도 않습니다. 몬스테라의 경우 지지대를 세우고 줄기를 지지대에 묶어 가며 위로 키우면, 잎이 10장이 넘는 개체도 넓지 않은 공간에서 키우는 것이 가능하기 때문입니다.

친구에게 분양해 준 몬스테라 알보

재배도 크게 어렵지 않습니다. 친구 역시 분양 초반에는 이것저것 물어 오기도 했지만, 몬스테라 자체가 워낙 키우기 쉬운 식물이어서 24시간 식물 등만 켜 주면 과습 없이 잘 자라기 때문에 분양 후 한 달 정도 지나고부터는 제게 특별히 묻는 일도 줄어들었습니다. 번식을 잘 시키기 위해 어떻게 커팅을 하면 좋을지 물은 게 다였죠.

요즘 우리 주변에는 수많은 재테크 수단들이 넘쳐 나고 있습니다. 부동산, 주식, 가상 화폐, NFT Non-Fungible Token(대체 불가 토큰, 희소성을 갖는 디지털 자산을 대표하는 토큰) 등 부업으로 돈을 벌고자 하는 많은 사람들이 다양한 분야에 관심을 가지고 있는 것이 사실입니다. 하지만 모든 재테크에는 진입 장벽이 있고, 또한 기존에 그 분야에 대해 잘 알고 있는 전문가들이 있습니다. 이런 전문가의 지식을 초보자가 뛰어넘기는 힘들죠. 뛰어넘는 것은 고사하고 살아남기도 힘듭니다. 그러나 희귀 열대 관엽 시장은 형성된 지 길어야 5년 정도 되었을 뿐입니다. 저도 이제 3년 차이고요. 이 말은 아직 이 시장에서 전문가와 초보자 사이의 간극이 크지 않다는 것을 뜻합니다. 일례로 현재 몬스테라 알보 전문가라고 해서 언론에 나오는 식물 카페 사장님들 중에는 몬스테라 알보를 키운 지 채 1년이 되지 않은 사람도 있습니다.

또 하나 주목해야 할 점은, 몬스테라 알보를 포함한 희귀 열대 관엽 식물 자체가 아직 언론에 많이 노출되지 않아서 확장 가능성이 크다는 것입니다. 식물을 전문적으로 키우지 않는 일반인들 중에서도 난이나 다육이를 키워 돈을 번다는 이야기를 한 번쯤 들어 봤을 겁니다. 난은 재테크 수단으로 자리 잡은 지 벌써 수십 년이 지났고, 다육이도 이제 거의 십년이 되어 갑니다.

그에 비해 열대 관엽 시장은 아직 많은 사람들이 알지 못하는 시장이고, 앞으로 더 성장할 시장입니다. 더군다나 미국, 유럽, 일본, 오스트레일리아, 동남아 등에서 엄청난 유행이 일고 있는 것에 비해 중국은 아직 이러한 유행이 시작되지 않았죠. 하지만 인스타그램이나 유튜브 등을 통해 널리 알려지기 시작한 만큼 중국에 전파되는 것 역시 시간문제라는 생각이 듭니다. 즉, 현재 이 시장에 진입하더라도 시장이 확장하는 한 거래량은 지속적으로 증가할 것이고, 시세 역시 안정적으로 유지될 것이라는 사실입니다.

물론 어떠한 시장이든 영원할 수는 없습니다. 시간이 흐르고, 많은 사람들이 이러한 시장에 대해 알게 되고, 또 유행이 변화하면 언젠가는 도태될 수도 있습니다. 그러나 앞서 말씀드린 것처럼 희귀 열대 관엽 시장의 전망은 긍정적인 편입니다.

100만 원 정도의 투자로 큰 시간과 노력 없이, 그리고 별다른 도구나 공간 없이 월 50만 원 정도 수익을 만들 수 있다면, 그리고 식물을 키우면서 맑은 공기를 마시고 정서적으로 긍정적 영향을 받을 수 있다면, 이보다 좋은 재테크가 또 있을까요?

게다가 식물은 자랍니다. 개체 수 또한 늘어납니다. 처음엔 하나의 잎이었을지라도 시간이 지나면 2장, 4장으로 늘어날 수 있습니다. 부모가 아이들과 함께 몬스테라를 키우면 서로 대화를 나눌 수 있는 소통의 수단이 될 수 있고, 또 키운 작물을 함께 판매하는 과정을 통해 아이에게 경제관념을 심어 주는 기회로 삼을 수도 있습니다. 혹은 노후에 적적한 마음을 달랠 수 있는 반려 식물로 생각해도 괜찮을 것 같습니다. 실제로 현재도 많은 독거노인 복지 기관에서 어르신들께 반려 식물을 선물해 드리는 것이 유행처럼 번지고 있고, 저 역시도 이러한 복지 기관에 일반 몬스테라 화분 수백 개를 기증하기도 했었으니까요.

여러분은 어떻게 생각하시나요? 식테크 한번 해 보고 싶은 마음이 생기지 않나요? 그럼 저와 함께 본격적으로 시작해 보도록 합시다.

복지관에 기증한 화분들

몬스테라 알보

Part 2

식테크, 어떻게 시작할까?

1 돈이 되는 식물은 따로 있다?

무늬 몬스테라와 몬스테라 알보의 차이

식테크 시장에서는 희귀 열대 관엽은 물론 오래전부터 다육이, 춘란, 분재 등 다양한 식물들이 거래되고 있습니다. 그렇다면 과연 어떤 식물에 투자해야 안정적으로 수익을 낼 수 있을까요?

그 전에 먼저 전반적인 희귀 열대 관엽 식물의 종류에 대해 알아볼 필요가 있습니다. 일단 희귀 열대 관엽 시장의 삼대장이라 할 수 있는 몬스테라Monstera, 필로덴드론Philodendron, 안수리움Anthurium 종류의 식물들은 모두 천남성과의 하위 속 식물들입니다. 그런데 이 중에서 필로덴드론과 안수리움은 품종이 너무 다양할 뿐 아니라 품종을 구별하기도 어려운 점이 많아 주로 마니아층에서만 거래가 이루어지고 있습니다. 이 때문에 대표적인 몇몇 품종을 제외하고는 가격 안정성이 몬스테라에 비해 현저히 떨어지는 면이 있습니다. 또한 새로운 하이브리드 품종들도 곧잘 개발되어 시장에 나오기 때문에 좀 더 희귀한 상위 품종의 교체 주기가 자연히 짧아지고 이에 따라 하위 품종은 가격 하락을 맞게 됩니다.

이에 비해 몬스테라속의 식물들은 상대적으로 품종 수가 적고, 델리시오사deliciosa종과 아단소니adansonii종, 오블리쿠아obliqua종 등 일부 품종에만 거래가 몰려 있어, 시세가 훨씬 안정적으로 형성되어 있습니다. 그중에서도 델리시오사종의 거래량이 가장 많으며, 델리시오사종 중 가장 기본 품종인 '몬스테라 델리시오사Monstera deliciosa'의 경우, 우리가 흔히 '몬스테라' 하면 떠올리는 품종일 정도로 사람들에게 익숙한 개체이기 때문에 그만큼 인지도가 높아 판매하기 쉽고, 필로덴드론이나 안수리움에 비해 습도의 영향도 적게 받는 편이라 비교적 재배하기도 용이한 식물이라 할 수 있습니다.

여기서 품종을 어떻게 분류하는지 '몬스테라 알보Monstera deliciosa var. borsigiana albo variegata'를 예로 들어 보겠습니다. 학명 중 'Monstera deliciosa'는 종, 'var. (variation)'는 변이종, 'borsigiana'는 델리시오사종 중 품종 개량을 한 아종(亞種)을 뜻합니다. 이 중에서 하얀 무늬가 있는 돌연변이 품종에는 '알보 바리에가타albo variegata'라는 명칭이 추가적으로 붙습니다. 따라서 몬스테라 델리시오사와 몬스테라 보르시지아나는 계통수 분류로 보면 같은 종입니다. 하지만 품종상으로는 델리시오사와 보르시지아나로 세분하며 외관에서도 몇 가지 큰 차이를 보입니다.

사실 델리시오사와 보르시지아나를 구별하는 것은 몬스테라를 오래 키운 분들도 어려워하는 경우가 많습니다. 품종을 명확하게 구별하기 힘든 개체들이 간혹 있기도 하고요. 그렇다고 완전히 불가능한 것은 아닙니다. 그리고 본격적으로 식테크를 하려면 델리시오사와 보르시지아나를 반드시 구별할 줄 알아야 합니다. 그럼 두 품종에 어떤 차이가 있는지 하나하나 살펴보도록 하겠습니다.

과거 우리나라에 몬스테라가 수입되던 초창기에는 화환 대신 이 몬스테라를 개업 축하 선물로 보내는 경우가 많았습니다. 큼지막한 화분에 두터운 플라스틱 연통 지지대를 세워 키우던 것으로, 현재 많이 판매되고 있는 몬스테라 델리시오사보다 좀 더 잎이 작고 덩굴처럼 성장하는 종이었죠. 그 품종

↑ 무늬 몬스테라(델리시오사 품종)
↓ 몬스테라 알보(보르시지아나 품종)

이 바로 일반 몬스테라 보르시지아나입니다. 이와 달리 마트나 화원에서 판매하는 잎이 좀 더 둥글고 큰 몬스테라는 델리시오사 품종입니다.

쉽게 말해 두 품종의 가장 큰 차이로 지목되는 특징 첫 번째는 성체가 된 개체의 잎 크기에 있습니다. 보통 잎 사이즈가 1미터 이상으로 자라면 델리시오사, 그보다 작게 자라면 보르시지아나 품종이라고 볼 수 있습니다. 물론 일반 가정집이나 사무실의 경우에는 광량이 충분하지 않아서 성체가 다 자랄 수 있는 사이즈까지 잎을 키우기가 어렵습니다.

또 다른 특징으로는 프릴frill을 들 수 있습니다. 프릴은 잎자루 경계에 나타나는 주름인데, 델리시오사 성체에는 잎과 잎자루 사이에 프릴이 존재하지만, 보르시지아나 성체에는 프릴이 존재하지 않습니다.

왼쪽 : 무늬 몬스테라 오른쪽 : 몬스테라 알보
무늬 몬스테라에는 프릴이 있지만, 몬스테라 알보에는 없다.

그런데 이 방법은 성체일 경우에만 가능해서 몬스테라의 잎이 아직 작고 어릴 때에는 두 품종 다 잎자루에 프릴이 없기 때문에 구별하기 어렵습니다. 이때는 본줄기에서 잎자루가 달린 줄기 부분과 그다음 잎자루가 달린 줄기 부분 사이, 즉 마디 간의 간격을 살펴보기도 합니다.

↑ 무늬 몬스테라 ↓ 몬스테라 알보
무늬 몬스테라는 마디 간격이 짧고, 몬스테라 알보는 길다.

보통 델리시오사는 마디 간격이 짧고, 그에 따라 땅을 기는 듯한 형태로 자라는 반면, 보르시지아나는 마디 간격이 길고, 하늘을 향해 키를 키우듯 자랍니다. 하지만 이 역시 생장 환경에 따라 그 모양이 다를 수 있기 때문에 정확한 구별법이 되지는 못합니다. 델리시오사 역시 햇빛이 부족한 환경에서 웃자라면 잎이 작고 마디 간격이 길어질 수 있고, 보르시지아나도 햇빛이 충분한 환경에서 자라면 잎이 델리시오사만큼 크고 마디 간격도 상대적으로 짧게 되니까요.

그럼 델리시오사와 보르시지아나를 구별하는 가장 효과적인 방법은 무엇이 있을까요? 사실 몬스테라 델리시오사와 보르시지아나는 결정적으로 잎의 형태에서 차이가 납니다. 저 역시 처음에는 잘 몰랐다가, 학원에서 매일 몬스테라잎을 들여다보던 중 알게 되었습니다. 몬스테라 델리시오사의 경우 잎과 잎자루가 만나는 곳까지 움푹 들어간 자리가 보르시지아나에 비해 상대적으로 깊어 골을 이루는 반면, 보르시지아나는 이 움푹 들어간 자리가 상대적으로 얕은 느낌입니다. 이런 차이 때문에 몬스테라 델리시오사는 잎과 잎자루가 만나는 움푹 들어간 자리가 마치 엉덩이 골처럼 보이기도 하는 반면, 보르시지아나는 아무리 봐도 그렇게 느껴지지는 않습니다.

잎의 형태도 델리시오사는 성체로 갈수록 둥근 타원형에 가까워지는 반면, 보르시지아나는 성체로 갈수록 길쭉한 하트 모양에 가까워집니다. 잎 사이즈가 서로 다른 델리시오사와 보르시지아나는 언뜻 보기에 이 차이가 잘 느껴지지 않을 수 있으나 같은 사이즈의 두 품종을 놓고 보면 명확히 드러납니다. 또한 델리시오사의 경우 완전히 다 자란 성체의 큰 잎은 소위 찢잎이라 불리는 찢어진 잎의 가닥수가 10가닥 이상인 반면, 보르시지아나는 아무리 커지더라도 찢어진 잎의 가닥수가 10가닥 이상이 되기는 힘듭니다.

골의 깊이가 상대적으로 깊고, 찢잎 개수가 보통 10가닥 이상인 델리시오사 몬스테라

골의 깊이가 상대적으로 얕고, 찢잎 개수가 10가닥 미만인 보르시지아나 몬스테라 알보

이렇게 델리시오사와 보르시지아나의 특징을 제대로 알아야 하는 이유는, 식테크에서 기본이 되는 몬스테라 알보와 무늬 몬스테라를 구분할 수 있어야 하기 때문입니다. 무늬 몬스테라는 델리시오사종이고, 몬스테라 알보는 보르시지아나종인 만큼 무늬 몬스테라는 델리시오사종의 특징을 가지고 있고, 몬스테라 알보는 보르시지아나종의 특징을 보이는 것이지요.

무늬 몬스테라와 몬스테라 알보는 종 자체의 특성 외에 무늬(색이 나타난 부분)에서도 큰 차이가 있습니다. 우선 몬스테라 알보는 무늬가 순백의 흰색인 반면, 무늬 몬스테라의 무늬는 약간 누런 크림색이어서 그 색상이 미묘하게 다릅니다. 하지만 경우에 따라서는 무늬 몬스테라도 흰색 무늬가 발현되기도 하고, 몬스테라 알보도 약간 크림색에 가까운 색상을 띠기도 하기 때문에 무늬의 색보다는 형태가 더 중요한 구별 요소라고 보면 됩니다.

무늬 몬스테라의 경우, 물감이 묻은 붓을 튕겼을 때처럼 잎 전면에 뿌려 놓은 듯한 점무늬가 식물 전체에 있으면서 부분적으로 뭉친 무늬가 보이는 것이 특징이고, 몬스테라 알보는 붓에 물감을 발라 부분부분 칠한 듯한 길쭉

무늬 몬스테라

몬스테라 알보

무늬 몬스테라(왼쪽)와 몬스테라 알보. 두 개체는 무늬, 잎 크기, 형태 등에서 차이를 보인다.

길쭉한 무늬, 혹은 소고기의 마블링과 같은 결결이 들어간 무늬를 가지고 있습니다. 처음에는 이 둘을 구별하기 쉽지 않지만, 자꾸 보다 보면 어느 순간 둘의 무늬 차이를 알게 됩니다.

 노파심에 이런저런 설명을 많이 곁들였는데, 결국 자료를 많이 찾아보는 것이 최선입니다. 그런 만큼 몬스테라 알보를 구매하기 전에 이 책에 실린 다양한 몬스테라 알보의 사진을 꼼꼼하게 보는 것은 물론이고, 검색도 최대한 활용하고, 구매할 때도 가급적이면 실물을 직접 살펴보아야 한다는 점을 강조하고 싶습니다.

 그럼 왜 이렇게까지 델리시오사와 보르시지아나의 특징을 정확히 알아야 한다고 강조하는 걸까요? 그 이유는 단순하고 명확합니다. 두 개체 가격 차이가 매우 크기 때문입니다. 무늬 몬스테라는 잎 1장당 10만 원 정도입니다.

무늬 몬스테라	몬스테라 알보
붓으로 물감을 튕긴 듯 무늬가 잎 전체에 점점이 박혀 있으며 부분부분 길쭉하게 뭉친 무늬가 발달한 형태	붓으로 칠한 듯한 길쭉한 무늬가 곳곳에 있거나 소고기의 마블링처럼 무늬가 자잘하게 발달한 형태
크림색	흰색
성체의 잎 크기가 상대적으로 큰 편(1미터 이상)	성체의 잎 크기가 상대적으로 작은 편(1미터 이하)
성체의 잎맥과 잎자루 경계에 주름frill이 있음	성체의 잎맥과 잎자루 경계에 주름frill이 없음
잎 사이 마디 간격이 짧음	잎 사이 마디 간격이 긺
유묘일 때에는 잎이 하트 모양이다가 성체로 갈수록 둥근 타원형으로 발달	유묘일 때에는 잎이 가는 입술 모양이다가 잎이 성체로 갈수록 길쭉한 하트 모양으로 발달
잎과 잎자루가 만나는 움푹 들어간 자리가 상대적으로 깊은 편	잎과 잎자루가 만나는 움푹 들어간 자리가 상대적으로 얕은 편

하지만 몬스테라 알보는 잎 1장당 50만 원 이상입니다. 무늬 몬스테라도 고가 품종이기는 하지만 몬스테라 알보와 비교할 수는 없습니다. 최근 식테크가 이슈가 되면서 무늬 몬스테라를 몬스테라 알보로 속여 판매하는 업자들이 다시 생겨나고 있는 추세입니다. 만약 이걸 제대로 구별하지 못해 10만 원짜리 무늬 몬스테라를 50만 원을 주고 산다면 얼마나 억울한 일이겠습니까.

그렇다면 두 개체는 왜 이렇게 금액 차이가 생겼을까요?

무늬 몬스테라는 태국에서 품종 개량을 한 개체로 조직 배양이 가능해 얼마든지 대량 생산이 가능합니다. 무늬 자체가 잘 고정되어 있는 편이기 때문에 무늬가 사라지는 경우도 없고 어떤 부분에서 새싹이 나오든 안정적인 무늬를 유지합니다. 다만 무늬가 알보에 비해 다양하지 않은 편이라 상대적으로 가격이 낮게 책정됩니다.

이에 비해 몬스테라 알보는 무늬 자체가 고정되어 있지 않으며, 조직 배양을 하더라도 안정적인 무늬가 나오지 않고 잎 전체가 하얗게 되기도 합니다. 이런 현상을 고스트ghost라고 하는데 이런 개체는 광합성을 하지 못합니다. 또 경우에 따라 무늬가 없는 녹색 개체가 나오기도 하는데 이런 녹색 개체는 무늬가 없어서 무지(無地)라고 부릅니다.

이러한 상황은 몬스테라 알보를 삽목하더라도 비슷하게 발생할 수 있습니다. 또한 무늬가 발현된 개체의 씨앗을 심어도 그 무늬가 나오지 않기 때문에 몬스테라 알보를 번식시키는 방법은 삽목, 즉 잎·본줄기·뿌리를 모두 포함한 삽수를 커팅하여 번식시키는 방법으로 제한됩니다. 따라서 무늬 몬스테라와 달리 대량 생산이 힘들고, 몬스테라 알보를 번식시킨다 하더라도 반드시 무늬가 있는 개체가 나온다는 보장도 없습니다. 즉, 예쁜 무늬를 가진 몬스테라 알보를 번식시키더라도 전체가 고스트가 되거나 무늬가 없는 개체가 나올 수 있습니다. 그때는 가치를 잃고 맙니다.

물론 무늬를 최대한 잘 발현시킬 수 있는 방법이 있습니다만 이 역시도 확률을 높일 뿐이지 100% 가능하다는 것을 의미하지는 않습니다. 하지만 확률을 높일 수 있다는 것은 번식에서 매우 중요합니다. 이 방법에 대해서는 뒤에서 자세히 설명하기로 하고 우선은 무늬 몬스테라와 몬스테라 알보의 차이를 잘 구별할 수 있는 안목을 키울 필요가 있습니다.

무늬 몬스테라	몬스테라 알보
태국에서 개량을 통해 인위적으로 만든 품종	자연 상태에서 수십만 분의 일의 확률로 나오는 돌연변이 품종
조직 배양 등을 통한 대량 생산 가능	조직 배양이 힘들며, 삽목으로만 번식
무늬가 안정적으로 고정되어 있어, 번식이나 재배 시 고스트나 무지 개체가 나올 확률이 극히 낮음	무늬가 고정되어 있지 않아, 번식이나 재배 시 고스트나 무지 개체가 나올 확률이 높음

또한 몬스테라속의 식물들은 바나나뿌리썩음병을 일으키는 뿌리썩이선

충의 기주 식물이 되기 쉽기 때문에 수입이 금지되어 있거나 제한이 있는 점도 몬스테라 알보의 가격 상승 요인 중 하나입니다. 현재 몬스테라속 식물을 수입하려는 경우 선충이 발견된 몇몇 국가의 경우는 아예 금지가 되어 있고, 그 외의 일부 수입 제한 국가에서 몬스테라를 수입하려면 흙을 제거하고 들여와야 합니다. 또한 수입 시에도 수출 국가의 재배 시설 및 식물에 대한 검역증을 첨부하고, 국내에서 다시 한번 검역을 거쳐야 합니다. 하지만 현재 동남아 국가들의 경우 대부분 지역에서 토양이 선충으로 오염된 상태인 데다가 검역 과정 중 선충이 발견되면 모든 물량을 폐기해야 하기 때문에 개인이 검역을 거쳐 국내에 식물을 들여오는 것은 사실상 불가능한 상황입니다. 경우에 따라서는 품종이나 학명을 속여 밀수를 하거나, 가져온 식물을 바꿔치기 하는 등의 수법을 사용해 문제가 된 경우도 많았죠.

결론적으로 이야기하면 현재도 몬스테라 알보 수입이 전면 금지 되어 있는 것은 아니지만, 제대로 된 검역 절차를 통하여 수입하기는 무척이나 어려운 상황입니다. 현재 몬스테라 알보의 국내 시세는 국제 시세 대비 3배 정도입니다. 구매자들 입장에서는 "해외에 비해 왜 이렇게 비싸?"라고 생각할 수 있겠지만 수입 과정에서 거쳐야 하는 검역의 까다로움을 생각하면 수입하는 것이 큰 이득이 되지 않기 때문에 어쩔 수 없는 상황이라고 할 수 있습니다.

이런 이유 때문에 구매하고자 하는 사람이 많아도 해외 수입은 거의 이루어지지 않고 있다고 보면 됩니다. 더구나 몇몇 수입업자와 개인 들이 수입을 하다가 선충이 발견되어 수입 금지 대상 지정 국가가 늘어나고 있기 때문에 앞으로는 수입이 더 어려워질 가능성이 높습니다. 몬스테라 알보의 가격을 이야기할 때, 몇몇 폭락론자들은 코로나가 풀리고 수입 제한 조치 등이 해결되면 가격이 하락할 것이라고 주장하기도 하는데, 코로나와 수입 제한은 크게 상관관계가 없다고 보는 것이 맞을 것 같습니다.

이러한 상황 때문에 지난 2년 동안 몬스테라 알보 거래 가격은 높게 유지될 수 있었고, 앞으로도 특별한 일이 없는 한 국제 시세보다 높게 유지될 가능성이 높습니다. 또한 국제 시세의 경우도 몬스테라 알보의 가격은 여전히 비싸게 유지되고 있으며, 이렇게 비싼 시세를 노리고 몬스테라 알보를 대량으로 재배하는 농가들이 일본, 동남아, 네덜란드 등지에 상당수 있습니다. 국내 역시 수백 개의 몬스테라 알보를 재배 중인 농원들이 있습니다만, 여전히 공급이 부족한 상황입니다. 결국 몬스테라 알보가 비싼 이유는 몬스테라 알보의 수가 적어서는 아닙니다. 그보다는 지속적인 수요가 많기 때문인 것이죠. 이런 몬스테라 알보보다 훨씬 고가에 판매되는 옐로우나 민트 몬스테라 같은 상위종들도 있습니다.

그런데 씨앗을 심어 돌연변이를 만들 경우, 이런 가격 상위종들보다 몬스테라 알보의 돌연변이 확률이 훨씬 낮습니다. 즉, 자연 상태에서는 옐로우나 민트 몬스테라보다 더 희귀 품종이라고 할 수 있으나 일찍이 좋은 품종으로 상품화한 결과 공급량이 많아서 가격 상위종보다 저렴한 것입니다. 하지만 전 세계적으로 여전히 수요가 많아서 개체가 시중에 많이 풀려 있는데도 가격이 안정적으로 유지되고 있습니다. 이런 유통 구조가 몬스테라 알보가 가지는 상징성을 만드는 데 크게 일조를 한 셈입니다. 식테크 차원에서 몬스테라 알보가 가진 위상은 독보적이라고 할 수 있습니다.

그 외 다른 품종들

몬스테라 알보나 무늬 몬스테라를 제외한 몬스테라 델리시오사 품종에는 또 어떤 것들이 있는지, 그리고 각 품종별로 시세는 어떠한지 말씀드리겠습니다.

먼저 가장 기본이 되는 몬스테라 델리시오사 원종에서 무늬가 발현된 변종 개체들인데, 현재 델리시오사 원종은 국내에 많이 풀려서 시세가 거의 바닥인 상태입니다. 중대형 사이즈 몬스테라 델리시오사처럼 꽤 괜찮아 보이는 것들도 공간만 차지하고 돈이 안 된다고 해서 폐기하고 있을 정도니까요. 하지만 변종일 때는 이야기가 다릅니다. 델리시오사 변종 중 가장 유명하고 많이 풀린 것이 바로 앞에서도 말씀드린 무늬 몬스테라입니다. 잎 1장당 10만 원 정도에 거래되고 있지요.

그 외에 몬스테라 델리시오사종의 무늬 변종 중 하얀 무늬인 알보가 있고, 노랑 무늬인 옐로우yellow가 있습니다. 옐로우의 경우 아우레아aurea나 마모레이타marmorata라고 불리기도 합니다. 또 도트 무늬를 한 민트도 있습니다. 앞

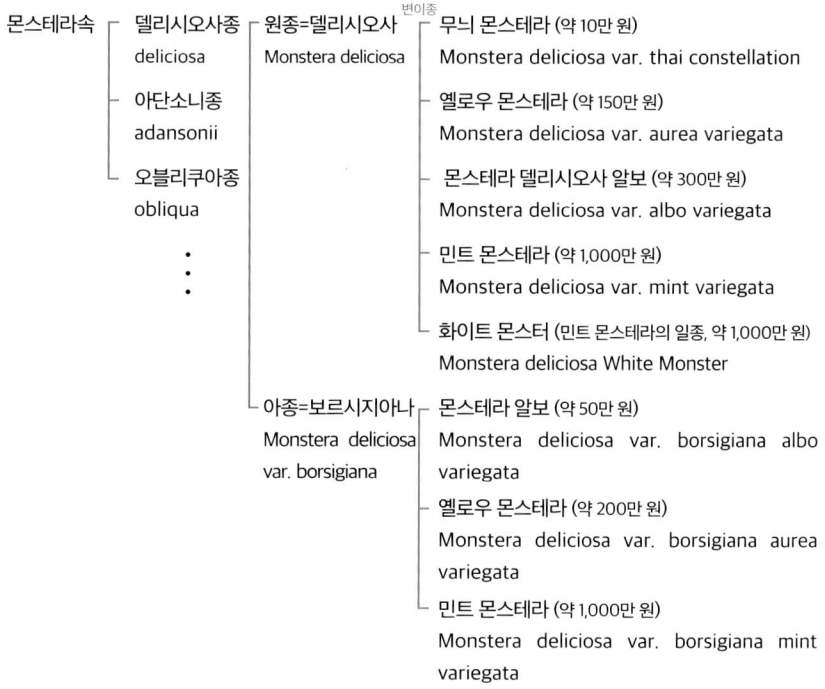

몬스테라 델리시오사 종류 및 가격

에서도 말씀드렸듯이 이 중 알보의 무늬 발현 확률이 가장 낮습니다만, 몬스테라 보르시지아나 알보라는 걸출한 대체 품종이 있기 때문에, 델리시오사 알보의 가격은 상대적으로 낮아서 옐로우와 민트의 중간 정도입니다.

여기서 이런 의문이 들 수 있습니다. 델리시오사종에도 알보가 있고 보르시지아나종에도 알보가 있는데, 왜 보르시지아나종의 알보만 식테크계의 비트코인이라고 불리고 있을까요? 심지어 가격 자체만 놓고 보면 델리시오사종에 속한 알보가 훨씬 더 비싼데 말이죠.

이유는 이렇습니다. 결국 알보가 높은 가격이 되려면 무늬 발현률이 핵심입니다. 하지만 델리시오사종의 알보는 보르시지아나종 알보에 비해 무늬 발현률이 극도로 낮습니다. 설령 무늬가 있는 품종을 구매했더라도 무늬가 사라질 확률도 높고요. 결국 새로운 개체가 좋은 무늬를 띨 가능성이 적고, 무늬가 사라질 가능성도 많기 때문에 높은 가격에도 거래 자체는 활발히 이루어지지 않는 것입니다. 아무래도 식테크를 하겠다고 마음먹은 입장에서는 거래량이 적고 발색이 어려운 것보다는, 가격은 낮더라도 거래량이 많고 발색도 쉬운 보르시지아종 알보가 훨씬 접근하기 쉬운 것이죠.

다시 이야기로 돌아와, 델리시오사의 색상 변이종 가격은 가장 저렴한 무늬 몬스테라를 시작으로 통칭 옐로우가 잎 1장당 150만 원 정도, 델리시오사 알보가 잎 1장당 300만 원 정도, 민트가 잎 1장당 1천만 원 정도에 거래되고 있는 실정입니다.

알아 두어야 할 것은 이러한 변종이라 해도 미세한 색상이나 무늬 차이, 소위 산반이냐 반반이냐 등에 따라 가격이 다르게 결정되며, 민트의 경우에도 세세한 무늬나 색상 발현 차이에 따라 가격대가 천차만별입니다. 앞의 표에서 민트 몬스테라로 소개했던 품종 중 가장 대표적인 것이 일본에서 개량한 몬스테라 화이트 몬스터 Monstera White Monster 인데요, 이 품종의 경우 흰색

바탕에 녹색 점박이 무늬가 자잘하게 박혀 있어서 상당히 아름답습니다. 실제 국내 거래가는 1천만 원 정도이고 몇 차례에 걸쳐 거래가 이루어졌습니다. 하지만 성장이 느린 편이라 널리 보급되지는 않았고요.

해외에서 거래되는 또 다른 민트 몬스테라의 경우 국내에 제대로 수입된 개체는 없으며, 일부 국내에서 돌연변이로 발현된 개체들이 민트 몬스테라라는 이름으로 거래되고 있습니다. 제가 가진 민트 몬스테라의 경우도 이러한 돌연변이 중 하나이고, 전 세계에서 하나뿐인 희귀한 산반 도트 무늬를 가진 개체이기도 하죠. 그래서 통칭 민트 몬스테라들의 경우 단일 품종이 아닌 다양한 품종이 있는데, 그 수량들이 상대적으로 무척 적기 때문에 고가에 거래가 이루어집니다. 다만 민트 몬스테라를 거래할 때에는 일본의 화이트 몬스터처럼 온전한 품종으로 무늬가 고정되어 있는지, 또 이를 통해 재번식이 가능한 개체인지 확인하는 과정이 중요합니다.

한 번 더 몬스테라 델리시오사종을 가격이 저렴한 순에서 비싼 순으로 정리해 보겠습니다.

원종	몬스테라 델리시오사
변이종	무늬 몬스테라(몬스테라 델리시오사 타이 컨스터레이션), 옐로우 몬스테라(몬스테라 델리시오사 아우레아 바리에가타), 몬스테라 델리시오사 알보(몬스테라 델리시오사 알보 바리에가타), 민트 몬스테라(몬스테라 델리시오사 민트 바리에가타),
일본에서 상품화한 품종	화이트 몬스터(몬스테라 델리시오사 화이트 몬스터)

이 정도면 국내에서 거래되거나 소개된 몬스테라 델리시오사 원종의 색상 변이종을 모두 설명한 것 같습니다. 물론 이후에도 개량을 통해 새로운 품종이 등장할 가능성은 얼마든지 있습니다.

몬스테라 델리시오사

델리시오사 알보

↑ 델리시오사 민트

↓ 작가가 보유하고 있는 돌연변이 델리시오사 민트. 전 세계에서 하나뿐이다.

그럼 이제 보르시지아나 품종들을 살펴보도록 하겠습니다. 우선 보르시지아나 품종의 기본이 되는 몬스테라 보르시지아나가 있습니다. 보르시지아나는 델리시오사의 아종 격인 품종이며, 과거에는 우리나라에 봉래초(蓬萊蕉) 등으로 소개되어, 개업 축하 화분으로 많이 나가기도 했습니다. 식물원 등에 보면 몬스테라라고 식재되어 있는 개체들이 보르시지아나종의 몬스테라인 경우를 자주 볼 수 있습니다. 얼마 전 다녀왔던 세종시 식물원에도 보르시지아나가 '몬스테라'라는 이름으로 식재되어 있더군요. 몬스테라 보르시지아나 역시 델리시오사 못지않게 흔한 품종입니다만, 최근에는 구하기가 힘들어 시세가 다소 높게 형성되어 있는 상태입니다.

참고로 보르시지아나 품종 중 몬스테라 알보를 번식시킬 때 무늬가 없는

일명 무늬 없는 알보. 몬스테라 알보에서 이렇게 무늬가 없는 잎이 나오면 가치는 폭락한다.

개체가 나오면 일반 보르시지아나 품종이 됩니다. 그래서 몬스테라 보르시지아나는 '무늬 없어진 알보'라는 명칭으로 판매가 되기도 합니다. 이 보르시지아나 품종의 현재 시세는 일반 몬스테라 델리시오사보다는 높지만, 잎 1장당 가격을 붙일 정도는 아닌 수준으로, 잎이 수십 장 달리고 키도 1미터가 넘는 대품이 10~20만 원 정도라고 보면 될 것 같습니다. 물론 몬스테라 델리시오사도 잎 사이즈가 1미터가 넘고, 여러 장의 잎을 가진 대품의 경우 20만 원 이상의 가격이 책정되기도 합니다.

이런 상황을 가정해 보겠습니다. 50~80만 원을 들여 몬스테라 알보를 구매해 정성을 다해 키웠습니다. 개체가 번식했을 때 무늬가 제대로 발현되면 그것 역시 50~80만 원에 판매할 수 있습니다. 물론 삽목과 순화가 제대로 되었다는 전제하에 말이죠. 잎이 1장만 제대로 나와도 본전을 찾고, 그 이후부터는 부가 수익이 됩니다. 개체 2개를 4개로, 4개를 8개로 번식시키는 것도 산술적으로 가능해지지요. 하지만 무늬가 제대로 발현되지 않아 무늬 없어진 알보가 되면 가치는 폭락합니다. 몬스테라의 무늬가 얼마나 중요한지 조금 이해가 되었을까요?

보르시지아나 종에도 일반 몬스테라와 몬스테라 알보 외에 옐로우(아우레타 혹은 마모레이타라고 불리기도 함) 품종과 민트 품종이 존재합니다. 보르시지아나 옐로우는 델리시오사 옐로우에 비해 잎의 색상이 좀 더 선명하고 다양한 경우가 많습니다. 물론 델리시오사 옐로우의 경우에도 '극황'이라고 해서 무늬가 선명한 개체들이 나타나기도 하지만, 색채 다양성은 보르시지아나를 따라가지 못합니다. 알보의 경우에도 보르시지아나 알보가 델리시오사 알보에 비해 색채가 좀 더 다양한 것이 일반적입니다. 즉 잎 사이즈는 좀 작지만, 번식이나 색상 면에서 보르시지아나종의 알보나 옐로우는 델리시오사종의 알보나 옐로우에 비해 좀 더 상업적으로 유리한 품종이라 할 수 있습니다. 그래서 보르시지아나 옐로우(잎 1장당 200만 원)는 델리시오사 옐로우(잎 1장당 150만 원)보다 좀 더 비쌉니다. 그리고 보르시지아나 민트의 경우에도 델리시오사 민트와 마찬가지로 다양한 품종들이 민트라는 이름으로 거래되고 있는데, 보르시지아나 민트의 거래가는 델리시오사 민트와 비슷한 잎 1장당 1천만 원 정도라고 보면 될 것 같습니다.

몬스테라 보르시지아나

몬스테라 알보

옐로우 몬스테라

민트 몬스테라

델리시오사의 아종인 보르시지아나 품종을 가격이 저렴한 순에서 비싼 순으로 다시 정리해 보면 다음과 같습니다.

저렴 ↓ 고가	
	몬스테라 보르시지아나
	몬스테라 알보(몬스테라 보르시지아나 알보 바리에가타)
	옐로우 몬스테라(몬스테라 보르시지아나 아우레아 바리에가타)
	민트 몬스테라(몬스테라 보르시지아나 민트 바리에가타)

이 외에 델리시오사의 잎 형태에 변화가 온 변종들이 있습니다. 이러한 개체들 역시 고가에 거래가 되고 있습니다. 대체로 브라질 쪽에서 나는 몬

스테라들이 잎의 찢어진 부분의 면적이 커서, 마치 삼지창처럼 길쭉길쭉한 찢어진 잎 형태를 가지게 되는데, 이런 개체들을 통칭해 브라질리언 폼이라고 부르고, 그중 정말 극단적으로 잎맥 부분에만 잎살이 있는 개체들을 몬스테라 딜라체라타 Monstera dilacerata 혹은 몬스테라 시에라나 Monstera sierrana 라고 부릅니다.

델리시오사
브라질리언 폼

사실 이 개체는 넓은 의미에서는 델리시오사의 형태 변종이라고 보는 것이 맞지 않나 싶지만, 딜라체라타는 몬스테라가 아니라고 보는 의견도 있어서 정확한 판단은 좀 더 시간이 지난 후에 나오지 않을까 하는 생각이 듭니다. 제가 이렇다 저렇다 결론짓기는 힘든 문제입니다. 이런 품종은 브라질에서 주로 생산되는 개체인 듯한데, 몬스테라 델리시오사는 정식 수입이 힘들기 때문에 몬스테라가 아니라고 학명을 표기하거나, 밀수 형태로 들여온 개체를 유통시키고 있는 것으로 보입니다.

또 경우에 따라서는 잎맥에 잎살이 어느 정도 남아 있어 찢잎 중앙에 구멍이 형성되는 것을 시에라나, 찢잎 중앙에 구멍이 아예 형성되지 않을 정도로 잎살이 적은 것을 딜라체라타라고 부르기도 하는데, 현재 딜라체라타는 1천만 원 정도에 시세가 형성되다가 서서히 떨어지고 있는 중입니다. 그 이유는 무늬종에 비해 번식 과정이 상대적으로 쉽고, 또 무늬가 없는 개체이다 보니 번식 시에 무늬를 고려하지 않아도 돼 개체 수가 늘고 있기 때문입니다.

시에라나의 알보 무늬종 형태의 품종이 과거 인스타그램에 사진으로 떠돈 적도 있는데, 합성인지 실제 있는 품종인지 확인은 불가능합니다만, 만약 형태 변종인 딜라체라타나 시에라나의 무늬종이 존재한다면 부르는 것이 값일 정도로 희귀한 품종이라고 보면 될 것 같습니다.

답은 몬스테라 알보

본격적인 식테크를 시작하려고 하는 분들을 위해 희귀 열대 관엽 식물의 대략적인 개념과 종류, 가격, 특징 등을 설명했습니다만, 사실 그렇게 중요한 내용은 아닙니다. 그냥 이거 하나만 기억해도 충분합니다.

"식테크의 시작은 '몬스테라 보르시지아나 알보 바리에가타', 즉 '몬스테라 알보'다."

이유는 명확합니다. 우선 식테크 시장에서 가장 거래량이 많습니다. 몬스테라 알보가 식테크 전체 시장에서 차지하는 비중은 거의 50%에 육박합니다. 물론 다른 몬스테라 품종들이나 안수리움, 필로덴드론의 경우도 고가에 사고파는 경우가 있으나 거래가 단발성에 그치며, 또 품종 자체가 워낙 많아서 마니아들조차도 품종 구별이 힘들고, 습도에 따른 민감성도 높아 키우기도 어렵습니다. 즉, 일반적인 식테크 조건에 맞지 않습니다.

또 몬스테라 알보를 중심으로 그 상위종들은 가장 안정적으로 가격을 형성하고 있습니다. 사실 식테크의 단점 중 하나로 꼽을 수 있는 것은 개체마다, 파는 사람마다 가격이 천차만별이라는 점입니다. 잘 모르면 속을 가능성이 농후한 시장이죠. 하지만 몬스테라 알보의 경우는 예외입니다. 파는 사람도, 사는 사람도 많기 때문에 어느 정도 선을 유지하고 있고, 그만큼 정보도 많이 공개되어 있습니다.

가끔 몬스테라 알보가 키우기 쉽고 물량이 많아서 식테크에 적합하지 않다고 생각하는 사람도 있습니다. 금방 가격이 떨어지고 흔해질 거라고 주장하기도 합니다. 그렇다면 이렇게 생각해 보죠. 부동산 시장에서 왜 가장 흔한 아파트가 단독주택이나 원룸, 상가 등을 제치고 제일 좋은 투자 수단으로 각광을 받을까요? 거래량이 많고 환금성이 좋기 때문입니다. 식물의 경우도

몬스테라 알보

마찬가지입니다. 몬스테라 알보는 분명 현재 식테크 시장에서 가장 많이 보급된 개체입니다. 동시에 가장 높은 환금성을 가지고 있죠. 거래량과 환금성이 높다는 것은 그 자체로 자산 가치를 가지게 됩니다.

한때는 암호 화폐를 두고 실체가 없다고 말하기도 했으나 이제 그 누구도 암호 화폐를 가치가 없다고 말하지 못할 겁니다. 몬스테라 알보가 암호 화폐와 완전히 같은 경우라고 할 수는 없겠지만 분명한 것은 암호 화폐든, 몬스테라 알보든 가격은 결국 시장이 결정한다는 점입니다. 또한 몬스테라 알보의 경우 많은 물량이 풀렸다고는 해도 과거 인기 식물이었던 방울복랑금이나 춘란 같은 품종에 비하면 거의 없다시피 한 수량입니다. 인기 또한 한정된 지역에서만 유지되는 것이 아니라 전 세계적인 트렌드이기도 하고요. 앞으로 더욱 번식되고 더욱 시장이 확장될 품종이란 의미입니다.

다시 강조합니다만, 아직 식물을 키워 본 적이 없거나 식테크를 이제 막 시작하기로 마음먹었다면 몬스테라 알보로 시작하는 것이 좋습니다. 우리 같은 평범한 사람들에게는 50만 원도 큰돈입니다. 그런데 한 번도 식물을 키워 본 적이 없으면서 200만 원짜리 옐로우나, 1천만 원짜리 민트로 시작하기엔 위험 부담이 너무 큽니다. 몬스테라 알보를 잘 키울 수 있으면 옐로우 몬스테라나, 민트 몬스테라도 잘 키울 수 있습니다. 이 책에는 좋은 몬스테라 알보를 구매하는 방법부터, 잘 키우는 방법, 커팅해서 순화하는 방법, 그리고 좋은 가격에 판매하는 방법까지 모두 담았습니다.

그러니 감히 말씀드리자면, 두려워하지 말고 몬스테라 알보에 투자해 보십시오. 잘 사서, 잘 키워서, 잘 판매하는 경험을 직접 해 보십시오. 사실 몬스테라 알보만 잘 키우고 번식시켜도 수익은 충분히 낼 수 있습니다. 이후에 좀 더 큰 수익을 내고 싶다면 그때 옐로우 몬스테라나 민트 몬스테라를 구매하는 것이 순서입니다. 저는 여전히 이 순서가 가장 안정적인 식테크 방법이고, 실패 없이 꾸준히 수익을 낼 수 있는 가장 좋은 방법이라고 확신하고 있습니다.

2
식물을 구입하기 전 준비하고 체크해야 할 점들

광량

많은 분들이 처음 식물을 키울 때 무엇을 준비해야 하는지 물어보곤 합니다. 그럼 저는 이렇게 답해 드립니다. 가장 먼저, 키우는 곳의 광량(光量), 즉 집 안이면 집 안, 사무실이면 사무실, 가게면 가게에 햇빛이 어느 정도 드는지 확인하라고 말이죠.

식물과 광량의 상관관계는 아무리 강조해도 부족하지 않습니다. 얼마 전에 넷플릭스 드라마 「고요의 바다」에서 달 탐사 기지에 물을 먹고 자란 식물이 나오는 장면을 보고 대부분 사람들이 식물은 물을 먹고 자란다고 오해하고 있는 것이 아닌가 하는 생각이 들었습니다. 인간은 물을 마시지 못하면 사흘 안에 죽는다고 하지만 식물은 그렇지 않습니다. 식물은 인간만큼 물을 필요로 하지 않습니다. 1~2주에 한 번 정도면 충분합니다. 식물에게 가장 중요한 것은 뭐니 뭐니 해도 햇빛입니다.

물론 물이 식물 생존의 필수 요소 중 하나인 것은 맞습니다. 그렇다고 해서 물로 영양분을 만들어 내지는 못합니다. 식물에게 밥은 물이 아니라 햇빛입니다. 즉 식물은 광합성 작용을 해야 양분을 취할 수 있습니다. 그럼 비료는 무엇일까요? 정확한 비유는 아닙니다만, 식물에게 비료를 주는 것은 인간이 비타민을 섭취하는 것과 비슷하다고 할 수 있습니다.

사실 저는 원래 식물에 크게 관심이 없는 사람이었습니다. 식물을 키워도 잘 자라지 않았고, 특히 파키라 같은 특정 식물은 여섯 번이나 죽여 먹기도 했습니다. 하지만 햇빛이 잘 드는 지금의 학원으로 이사를 오면서 모든 것이 바뀌게 되었습니다. 햇빛이라는 조건 하나만 바뀌었을 뿐인데 저는 식물을 못 키우는 똥손에서 이제는 남들 보기에 식물을 잘 키우는 금손이라는 말을 듣게 되었으니까요.

저와 달리 아파트 1층에 사는 친한 친구가 한 명 있는데, 그 친구에게 제가 여러 번 식물을 선물했지만 거의 매번 죽었습니다. 아무래도 집 안에 햇빛이 잘 들지 않는 데다가, 식물 위치도 창가가 아닌 곳에 두는 경우가 많아

광량이 충분한 지금의 학원으로 이사한 이후 식물들은 급속도로 자라기 시작했다.

대부분 몇 달 안에 죽어 나가고는 했죠. 물론 수경 재배 식물의 경우에는 같은 상황에서도 꽤 오랜 시간 과습 없이 버티기는 하지만, 웃자라거나 성장이 늦어지는 것을 막을 수는 없습니다.

식물 재배에는 창문이 남향이나 남동향, 혹은 남서향으로 나 있는 경우가 유리하며, 2중창이거나 선팅이 되어 있으면 햇빛 투과율이 무척 낮아지기 때문에 불리합니다. 또한 방충망 같은 부수적인 시설물도 광량을 줄이는 원인이 됩니다.

특히 전문적인 시설이 아닌 가정 베란다에서 키우는 경우에는 여러 가지 조건을 생각해야 합니다. 여름철에는 베란다에서 키우는 데 특별한 문제점이 없겠지만 겨울철에는 별도 난방을 해야 하는 등 비용 문제가 생깁니다. 또한 단열 때문에 베란다에도 2중창을 설치한 곳이라면 역시 투과율을 생각하지 않을 수 없습니다. 단창인 경우에도 환기 문제로 창문을 열 경우 옆으로 밀어 둔 창이 2중창을 형성하게 되므로 햇빛 투과율이 떨어집니다.

이런 점을 감안하면 겨울철에 별도로 난방을 하지 않는 실내이면서 단창으로 된 공간이 식물을 키우기에 적합합니다. 가정의 경우라면 베란다를 튼 거실 정도면 식물을 키우는 데 충분합니다.

또한 많은 분들이 인터넷에서 몬스테라가 반음지 식물이라는 정보를 접

하고, 몬스테라를 햇빛이 잘 들지 않는 그늘진 곳에서 키우기도 하는데 이는 사실과 다릅니다. 몬스테라는 광량이 충분하면 충분할수록 더 큰 잎을 내고 잘 자랍니다. 물론 직광에 적응되지 않은 잎은 처음 직광을 받았을 때 까맣게 타는 경우가 발생하기도 하지만, 그 이후 새로 나온 잎들이 직광에 적응하고 난 뒤에는 좀 더 크고 튼튼한 잎으로 자라나게 됩니다. 따라서 몬스테라 알보 또한 충분한 광량이 성장에 가장 우선하는 조건이라고 할 수 있습니다.

공간

식물을 키우기 위해서는 충분한 공간이 필요합니다. 몬스테라는 열대 관엽 중에서도 대형 관엽 식물에 속합니다. 제대로 자란 몬스테라 델리시오사의 잎은 길이가 1미터를 넘어가기도 하죠. 그래서 충분한 광량만큼이나 필요한 것 중 하나가 충분한 공간입니다. 컬렉터들과 방구석 취미 마니아들에게 "덕질의 끝판왕은 큰 집이다."라는 말이 흔히 통용되듯, 식집사 세계의 끝판왕도 결국 햇빛이 잘 드는 넓은 집이나 비닐하우스, 혹은 유리온실이 아닐까 싶습니다. SNS 등을 통해 알려진 해외 유명 식집사 대부분이 거대한 유리온실이 딸린 전원주택에 살고 있는 것도 같은 이유입니다.

식물을 키울 때 상당히 많은 공간이 필요하다는 것은 식집사들 사이에 널리 알려진 이야기죠. 그래서 층층이 식물을 놓을 수 있는 선반을 구비하거나, 좀 더 넓은 공간을 마련하기 위해 애를 쓰게 됩니다. 아예 전문적으로 비닐하우스나 유리온실을 짓고 식물을 키우다가 식물 판매업으로 업종을 바꾸는 사람들도 많이 생겼죠.

몬스테라 알보는 크게 자라는 품종인 몬스테라 델리시오사종이기 때문에 잎 사이즈가 1미터 가까이 성장합니다. 다만 델리시오사 원종과는 다르

식물을 키우기 전, 충분한 공간 확보는 필수

게 보르시지아나종은 위로 자라는 성질이 강해 지지대나 수태봉(물에서 자라는 수생 식물 중 한 종류인 물이끼를 말린 것을 보통 수태라고 부르며, 이 수태를 플라스틱 망이나 철사로 된 망에 감아 만든 지지대를 수태봉이라고 한다.) 등을 통해 위로 자라게 유도해 주면 천장에 닿을 때까지는 공간을 크게 잡아먹지 않는 상태에서 키울 수 있으나, 대형 관엽종인 이상 상당히 많은 공간을 차지할 수밖에 없습니다. 또 번식 등을 통해 식물 개체 수가 늘어날 경우 집 안 대부분 공간을 식물이 차지해 버리고 맙니다. 식집사들은 이를 식물 지옥에 빠졌다고 비유하기도 하지요. 따라서 최대 성장치까지 식물을 키울 수 있는지, 또 그만큼 충분한 공간을 확보할 수 있는지 검토해야 합니다. 무작정 키우기 시작하면 후회할 수밖에 없으니 식물 재배 전 단계에서 반드시 검토해야 할 사항입니다.

아울러 집에 반려 동물이나 아기가 있는 집은 식물을 키울 때 반드시 주의해야 하는 점이 있습니다. 몬스테라는 천남성과의 식물이고, 이 과의 식물들은 과거 사약의 재료로 쓰였을 만큼 독성이 강합니다. 몬스테라의 경우도 잘 익은 열매를 제외하고는 잎이나 줄기 등 모든 부분에 독성이 있기 때문에 반려 동물이나 아기가 잘못해서 먹을 경우 매우 위험할 뿐 아니라 식물의 진액이 피부에 닿는 것만으로도 발진 등을 야기할 수 있습니다. 따라서 몬스테라를 키우기 전에 이런 사실을 명심해야 하고, 키울 때 역시 식물을 관리하거나 커팅하다가 혹시 진액이 피부에 묻게 되면 빨리 씻어 주는 것이 좋습니다.

온도와 습도

그 외 식물을 키우기 위해 확인해야 할 사항으로는, 식물을 키우는 공간에 적정한 온도나 습도를 유지해 줄 수 있느냐 하는 점입니다. 필로덴드론이나 안수리움 종류를 키우는 경우 습도는 중요하게 고려해야 할 요소 중 하나입니다. 그래서 많은 식집사들이 실내 온실을 만들거나 온실장 등을 구입합니다.

또 가습기를 사용해 일정 습도를 유지하기 위해 노력하기도 합니다. 하지만 몬스테라 알보를 포함한 몬스테라 델리시오사종은 습도에 크게 영향을 받지 않아 상대적으로 키우기 쉬운 편입니다. 제가 운영하는 학원은 평균 습도가 20~40% 정도이고 건조한 때에는 20% 아래로 내려가기도 합니다. 또 장마철에도 에어컨을 틀어 놔서 습도가 50%를 넘는 경우는 거의 없습니다. 그럼에도 몬스테라들이 자라는 것에는 크게 문제가 없었습니다.

또 요즘은 통풍 부분에 대해서도 신경 쓰는 분들이 많은데, 사실 저도 데이비드 오스틴 장미David Austin Roses를 실내에서 키우면서 통풍의 중요성을 실감하기도 했습니다. 장미 종류의 경우 통풍이 잘되는 곳에서 키우지 않으면 잎 전체에 하얀 곰팡이가 생기는 흰가룻병에 시달리게 됩니다. 이때 서큘레이터나 선풍기를 돌리면서 환기를 해 주거나, 실외에서 키우면 흰가룻병이 거짓말처럼 사라지는 것을 볼 수 있습니다. 이처럼 특정 식물군의 경우 통풍이 식물 성장에 상당히 중요한 요소로 작용하기도 합니다.

하지만 몬스테라는 통풍 역시 크게 신경 쓰지 않아도 됩니다. 저희 학원에는 제가 초기부터 키우고 있는 몬스테라 델리시오사가 있는데 현재 잎 사이즈가 거의 1미

데이비드 오스틴 장미 먼스테드우드

터에 달해서 식물원에서나 볼 수 있을 법한 크기입니다. 평소 통풍이나 습도에 크게 신경을 쓰지 않고도 그 정도 사이즈로 키우는 데에 불과 1년 정도 걸렸을 뿐입니다.

다만 몬스테라를 키우는 데 있어 신경을 써 줘야 할 부분이 있다면 그것은 광량과 더불어 적정 온도를 유지해 주는 것입니다. 많은 분들이 적정 온도를 유지하는 것이 얼마나 중요한지 잘 모르는 경우가 많은데, 대부분의 식물들은 급격한 온도 변화가 일어날 경우 일시적으로 성장을 멈추거나, 혹은 장기적으로 성장이 둔화되는 경향이 있습니다. 따라서 일정한 온도를 지속적으로 유지해 주는 것이 식물 성장에 큰 도움이 됩니다. 저는 시스템 에어컨을 통해 온도를 섭씨 20~25℃로 유지해 주는데, 상가에 있는 학원은 누진세가 없는 일반용 전기를 쓸 수 있기 때문에 에어컨에 히터 기능까지 함께 들어 있는 상업용 제품을 활용해 온도 유지를 하고 있어 편리합니다. 반면 가정에서는 일반용 전기가 아닌 가정용 전기만 쓸 수 있으므로 다른 보완책이 필요합니다.

가정은 항상 사람이 있기 때문에 온도를 안정적으로 유지하는 경우가 많아 방심하기 쉬운데, 겨울철 등에 환기를 위해 무심코 창문을 열면 급격히 온도가 떨어지고 그사이에 식물들이 냉해를 입을 수 있기 때문에 주의해야 합니다. 보통 몬스테라는 15℃ 이하가 되면 성장을 멈추고, 10℃ 이하에서는 냉해를 입습니다. 특히 영하의 날씨에서는 차가운 공기에 1분 정도만 노출되더라도 냉해를 입을 위험이 있습니다. 몬스테라의 경우 냉해를 입으면 잎에 갈색 반점이 생기는데, 한번 피해를 입은 잎은 다시 원상으로 복구될 수 없기 때문에 특히 주의해야 합니다. 또한 너무 높은 온도에서도 몬스테라의 잎이 타거나 시들시들해지는 경우가 생길 수 있으므로 30℃ 이상의 고온은 피하는 것이 좋습니다. 앞에서 광량이 중요하다고 말씀드렸는데 광량이 필요 이상으로 많아 온도가 너무 높게 올라가면 식물들이 힘들어할 수 있으므로 광량 역시 온도와 마찬가지로 적절히 조절해야 합니다.

필요한 도구들

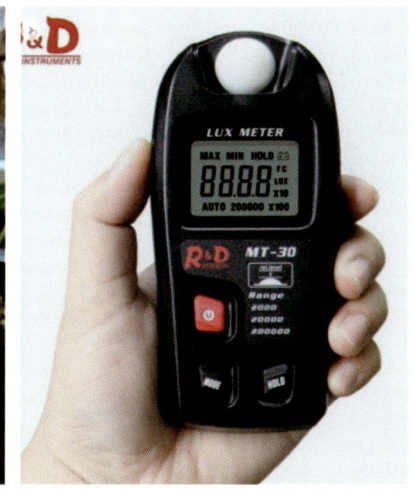

왼쪽 : 노바리빙 온습도계 - 약 15,000원
오른쪽 : MT30 조도계 - 약 30,000원

식물을 들이기 전에 식물을 키우는 공간의 온도와 습도를 확인할 수 있는 온습도계는 꼭 하나 준비하는 것이 좋습니다. 조도계도 있으면 도움이 되겠지만, 광량은 시간에 따라 다르기도 하고 조도계에 나타나는 밝기 단위를 식물의 광포화점(光飽和點), 즉 식물의 광합성을 최대로 시킬 수 있는 광량과 비교하여 확인하는 것이 쉽지는 않습니다. 이런 점은 눈으로 관찰하는 것이 더 낫습니다. 몬스테라가 한 달에 최소 1장씩 잎을 내고 있는지, 그리고 이전 잎에 비해 새로운 잎의 사이즈가 더 크게 성장했는지 등을 관찰함으로써 집 안에 광량이 충분한지 확인할 수 있는 것이죠. 이 방법이 일반인들에게는 좀 더 간단하면서도 정확한 광량 측정법이 될 수 있습니다.

만약 잎이 한 달에 1장씩 나오지 않고, 또 새잎이 이전 잎보다 더 크지 않다면 광량이 충분하지 않은 경우가 일반적입니다. 광량이 부족하다고 판단하면 추가로 식물등을 설치하는 것을 권해 드립니다. 식물등의 경우 우리나라 식집사들은 일반적으로 광량이 가장 좋은 필립스 식물등 전구를 많이 이용하는 편입니다. 저렴한 이케아 스탠드에 필립스 전구를 끼워 쓰거나, 천장등을 설치해 사용합니다. 이때 식물과 식물등 사이의 거리는 30~50cm 정도가 적절하며, 최소 20cm 이상 거리를 두는 것이 좋습니다.

필립스 식물등 - 약 26,000원

요즘은 백색광 식물등과 따뜻한 느낌을 주는 노란빛 식물등도 나오고 있습니다만, 식물등은 대체로 파란 LED와 빨간 LED를 번갈아 배열하여 보랏빛을 내는 제품이 많습니다. 그럼 왜 다른 빛깔이 아닌 보랏빛 식물등이 널리 쓰이는 것일까요? 이것은 가시광선의 보색 관계와 관련이 있습니다. 보통 식물의 잎은 초록색으로 되어 있습니다. 엽록소의 색상이 초록색이기 때문이죠. 그런데 어떤 물체가 초록색을 띤다는 것은, 우리 눈이 그 물체에서 반사된 초록색 빛을 인식한다는 것입니다. 즉 초록색 물체는 여러 가지 가시광선 중 다른 빛은 다 흡수하고, 초록색 빛만 반사를 합니다. 그렇다면 초록색 물체에 가장 많은 빛 에너지를 흡수시키려면 어떻게 해야 할까요? 바로 가시광선 중 초록색과 보색 관계인 보라색 빛을 비춰 줘야 합니다. 그렇게 해야 초록색으로 된 식물의 잎에 상대적으로 적은 빛에너지로도 가장 많은 에너지를 흡수시킬 수 있기 때문입니다.

그렇다면 하얀색 식물등이나 노란색 식물등은 어떨까요? 사실 하얀빛이나 노란빛을 내는 식물등도 그 빛 안에 다양한 가시광선들이 합쳐져 있습니다.

이케아 스탠드에 필립스 전구를 끼워 사용하는 모습

중국산 LED 식물등

따라서 식물이 자라는 데에 하얀빛 등이든 노란빛 등이든 시판되는 식물등은 모두 식물을 성장시키는 데에 적당한 빛의 파장을 가지고 있기 때문에 광량만 충분하다면 문제가 되지는 않습니다. 다만 에너지 효율 면에서 보라색 식물등을 따라갈 수는 없겠지요.

그밖에 식물에게 물을 손쉽게 줄 수 있는 물조리개도 필수 아이템 중 하나로, 다양한 제품이 시중에 나와 있습니다. 자신이 사용하기에 편하고 마음에 드는 디자인을 고르면 되지만, 구입 전에 몇 가지 확인할 사항을 알려드립니다. 우선 물조리개는 물을 넣어 사용하는 도구이고, 물의 무게는 1리터당 1킬로그램입니다. 따라서 2리터짜리 물조리개라면 현재 통 무게보다 2킬로그램이 더 늘어납니다. 어쩌다 한두 번이라면 모르지만 지속적으로 2킬로그램짜리 물조리개를 들고 사용할 경우 손목이나 팔꿈치 등에 부담을 줄 수 있습니다.

다양한 물조리개, 화분 크기나 위치 등을 고려해 적당한 형태를 고른다.

또한 화분이 놓인 위치에 따라서도 물조리개의 크기나 디자인을 달리 선택해야 합니다. 만일 화분들이 높은 선반 위에 있는 경우에는 무게가 가벼우면서 손잡이가 측면까지 길게 이어진 물조리개가 편리합니다. 반대로 화분들이 대부분 대형이고 바닥에 놓여 있다면, 물을 자주 뜨러 가는 횟수를 줄이기 위해 용량이 큰 물조리개를 쓰는 편이 좋습니다.

또 물 주는 시기를 명확히 알기 힘든 초보 가드너들의 경우 토양 습도계 등을 활용하면 좋습니다. 토양 습도계는 여러 종류가 있고 가격대나 원리도 다양하기 때문에 관리 방식이나 편리성 등을 따져 제품을 선택하는 것이 중요합니다. 다만 토양 습도계를 꽂는 위치에 따라 습도가 다르게 나오고, 식물에 따라 적정 토양 습도 역시 다르기 때문에 전적으로 신뢰하는 것은 피해야 합니다. 물을 주는 시기를 파악하기 위한 참고용 보조 도구 정도로 생각하면 될 듯합니다.

왼쪽 : 서스티 토양 습도계 - 약 25,000원
오른쪽 : 서스티 제품 중에는 조도, 온도, 토양 습도의 기능을 겸하는 도구도 있다 - 약 32,000원

이상으로, 앞에서 말씀드린 항목을 이해하고 도구 역시 전부 갖추었다면
이제 식물을 들일 준비는 어느 정도 끝났다고 보면 됩니다.

3 좋은 몬스테라 알보를 구입하는 방법

산반 무늬와 반반 무늬

식물을 들일 준비가 끝났으면, 몬스테라 알보를 구해야겠죠? 사실 몬스테라 알보를 구입하는 일은 생각처럼 호락호락하지는 않습니다. 우선 식물 시장 자체가 소비자에 비해 판매자가 훨씬 더 많은 정보를 가지고 있는 정보 비대칭성이 큰 곳이라는 점을 알아야 합니다. 즉 판매자 측이 훨씬 유리한 조건에서 거래를 할 수 있다는 말이죠. 물론 소비자 역시 소비자보호원 등을 통해 보호를 받을 수 있지만, 거래되는 품목이 식물이라는 특성상 그리고 이 식물에 문제가 있다는 것을 알지 못하는 한, 또한 어떤 식물이 좋은 식물이고 또 어떠한 특징이 있는지 알지 못하는 한 소비자는 판매자에게 휘둘릴 수밖에 없습니다. 결국 내가 많이 알면 알수록 좋은 식물을 합리적인 가격에 살 수 있고, 그러기 위해서는 구입하려는 식물에 대한 공부는 필수입니다.

그럼 우선 좋은 몬스테라 알보는 어떤 것인지 알아야겠죠? 먼저 몬스테라 알보에는 두 가지 무늬가 있습니다. 바로 산반(散斑)과 반반(半斑)입니다. 정식 용어는 아니지만, 국내 식집사들 사이에서 흔히 사용되는 표현입니다. 이 중 산반은 흰색 무늬가 잎 곳곳에 흩어져 마치 소고기의 마블링처럼 골고루 무늬가 펴져 있는 형태이고, 반반은 무늬가 한곳에 뭉쳐 있거나 잎의 절반 정도는 흰색, 나머지 절반 정도는 녹색을 띠고 있는 무늬입니다. 그렇다면 과연 어떤 무늬가 더 좋은 것일까요? 사실 산반과 반반 중 어떤 무늬가 더 좋다고 말하기는 힘듭니다. 하지만 산반의 경우 잎의 흰 지분이 갈색으로 녹는 경우가 적고, 번식에도 유리하기 때문에 초보자들에게는 산반 잎을 권하는 것이 보통입니다. 왜 그런지 차근차근 이야기해 보도록 하겠습니다.

반반 무늬 몬스테라 알보

우리가 보통 몬스테라 알보 사진을 검색하면 나오는 많은 사진들 중, 가장 눈길을 잡는 것은 아마도 반반 무늬를 가진 몬스테라 알보 사진일 겁니다. 실제로 알보의 이런 반반 무늬에 반해 식집사의 길로 들어온 분들도 많습니다. 몬스테라 알보의 심미적인 관점에서 보면, 반반 무늬가 산반 무늬에 비해 훨씬 더 높은 가치를 갖고 있는 것이 사실입니다. 하지만 반반 무늬가 가지는 단점들은 이러한 심미적 가치를 상쇄해 버립니다. 왜 그럴까요?

우선 반반 무늬는 고정되지 않습니다. 과거 몬스테라 알보가 우리나라에 알려지기 시작하고 몇 년쯤 지났을 무렵, 이미 몬스테라 알보를 가지고 있던 가드너들이 '몬스테라 알보 하프문Monstera deliciosa var. borsigiana albo variegata half moon'이라는 개체를 구하기 위해 혈안이 됐던 적이 있었습니다. 당시 제가 키우고 있던 몬스테라 알보에서 무늬가 정확히 반반으로 나뉜 잎이 연달아 나왔었는데, 그 사진이 인스타그램에서 퍼지면서 많은 분들이 제가 키우던 것과 같은 개체를 찾기 시작한 겁니다. 해외에서는 이런 반반 개체를 '하프문'이라고 부르기도 했는데, 그것을 본 사람들이 몬스테라 알보 하프문이라는 품종이 별도로 있다고 생각해서 그 개체를 구하려고 하는 경우도 있었습니다. 하지만 이런 품종이 따로 있는 것도 아니고, 어떻게 하면 반반이 만들어지고, 어떻게 하면 산반이 만들어진다는 정확한 공식이 있는 것도 아닙니다.

몬스테라 알보의 눈에서 새순이 나올 경우, 네 가지 경우의 수가 생깁니다. 첫째는 잎 전체가 하얀 무늬인 고스트, 둘째는 흰색과 녹색이 적당히 섞

한때 인스타그램에 퍼지며 관심을 끌었던 반반 개체 몬스테라 알보

인 산반, 셋째는 녹색 무늬와 하얀 무늬가 각각 한쪽에 치우치거나 정확히 반으로 나온 반반, 마지막은 하얀 무늬가 아예 없는 무지.

이러한 네 가지 종류의 무늬는 기존의 줄기 무늬나, 눈의 무늬에 어느 정도 영향을 받기도 하고, 비료나 광량에 미세하게 영향을 받기도 하지만 사실상 거의 랜덤이라고 보는 것이 맞습니다.

여기서 잠시 고스트 개념에 대해서 조금 더 말씀드려야 할 것 같습니다. 앞에서도 잠시 언급했는데, 고스트는 보통 잎 전체가 흰색이거나, 녹색이 있더라도 그 무늬가 무척 미미한 경우로, 해외에서 붙인 명칭입니다. 보통 고스트 잎의 경우 광합성을 할 수 없기 때문에 식물 전체에 녹색 잎이 전혀 없는 고스트는 죽게 됩니다. 그리고 광합성을 하지 못하기 때문에 필연적으로 내부의 수분에 의해 잎이 갈색으로 녹게 됩니다. 또한 몬스테라 무늬종의 경우 좌측과 우측 잎이 번갈아 가며 나오는데 그 잎의 무늬는 각각 좌우 줄기 무늬의 영향을 받습니다. 따라서 고스트 잎이 좌측과 우측에서 1번씩, 2번 연속으로 나온 경우에는 줄기의 좌우 모두에 녹색이 전혀 없는 경우가 대부분이므로, 이때는 커팅을 하여 새순을 받는 것이 좋습니다. 쉽게 말해 몬스테라 알보의 잎에 흰색이 적당히 있으면 예쁘기도 하고 가치도 올라가지만, 잎 전체가 흰색, 즉 고스트라면 그 잎은 죽은 것과 다름없다는 것이죠.

저의 하프문 개체는 좌측은 고스트, 우측은 녹색을 띠고 있어서 정확한 반반 무늬였는데, 시간이 지날수록 흰 지분이 늘어나면서 결국 대칭이 깨지고 말았습니다. 그리고 아래 잎부터 흰색 무늬가 점점 녹기도 했고요. 그래서 하는 수 없이 하프문을 커팅해서 번식시킬 수밖에 없었습니다. 이렇게 무늬가 반반인 개체의 경우, 줄기 역시 흰 지분과 녹색 지분이 반반인 경우가 일반적인데, 이것을 커팅해서 새순을 받으면 줄기의 흰색 부분에서 자란 새순은 고스트 개체가 될 확률이 높고, 줄기의 녹색 부분에서 자란 새순은 무지가 될

고스트 개체들

확률이 높아서, 번식 시에 좋은 개체를 얻을 수 있는 확률이 극히 낮습니다.

다행히 흰색과 녹색의 중간 부분에 눈이 잡히면 또 다른 반반 무늬나 산반 무늬 잎이 나올 수도 있습니다만, 확률이 무척 낮죠.

따라서 이제 막 식테크에 입문하려는 분들이라면 안정적인 산반 무늬를 가진 개체를 구입하시는 것이 좋습니다. 특히 무늬가 소고기 마블링처럼 골고루 들어간 개체, 그리고 줄기에도 녹색과 흰색 줄

갈색으로 녹은 잎(고스트)이 나온 줄기는 대부분 흰색 지분이고, 흰색과 녹색이 반반인 잎이 나온 줄기는 녹색 지분과 흰색 지분이 거의 비슷한 것을 알 수 있다.

무늬가 골고루 들어간 개체라면 더할 나위 없습니다. 그래야 커팅 시에 어느 부분에 눈이 잡히더라도 새순이 나올 때 고스트나 무지가 나올 확률이 적기 때문입니다. 또한 무늬가 너무 적거나 너무 많은 개체도 피해야 합니다. 무늬가 적을 경우 광합성에는 유리하겠지만, 심미적인 가치가 떨어지고 무지로 빠질 확률도 높습니다. 한편 무늬가 많을 경우에는 광합성을 제대로 하지 못해 식물이 건강하지 못할 가능성이 크고 성장 속도도 느리며 고스트로 빠질 확률이 높아집니다. 따라서 초보자에게 가장 좋은 개체는 흰색과 녹색이 적절히 섞여 있는 산반 개체입니다.

녹색 지분이 너무 많은 개체

녹색 지분이 너무 많은 개체

흰색 지분이 너무 많은 개체

흰색과 녹색이 적절한 개체(가장 추천)

몬스테라 알보의 다양한 형태

몬스테라 알보 삽수. 흙에 식재되어 있지 않은 상태로 잎·줄기·뿌리를 포함한 것을 삽수라고 한다.

몬스테라 알보의 잎과 줄기의 무늬 외에도 또 하나 살펴야 할 것은 분양을 받을 식물의 형태입니다. 몬스테라 알보는 씨앗이나 조직 배양을 통해 번식을 시키기 어렵기 때문에 모든 몬스테라 알보는 삽목을 통해 번식시킵니다. 즉 1장의 잎과 잎자루가 연결된 줄기, 그리고 기근이나 뿌리가 달린 '삽수'라고 불리는 개체를 본체에서 잘라 내 물꽂이(잘라 낸 삽수의 뿌리를 물에 꽂아 두는 것)를 하거나 흙에 식재하여 번식을 하는 방법이죠. 따라서 모든 몬스테라 알보는 크게 탑top 삽수를 번식시킨 것이거나, 미들middle 삽수(중간 삽수)를 번식시킨 것 중 하나에 속하게 됩니다. 여기서 탑 삽수란 알보를 커팅할 때 모체에서 가장 상단에 있는 잎 2~3장이 달린 줄기를 자른 것을 말하고, 미들 삽수란 탑 삽수를 제외한 그 아래의 잎이 달린 줄기를 잘라 낸 삽수를 말합니다.

탑 삽수를 식재한 개체. 보통 2장의 잎을 가지고 있고 절단면은 1개인데 절단면은 흙에 파묻혀 보이지 않을 수도 있다.

미들 삽수를 식재한 개체. 보통 1장의 잎을 가지고 있고 절단면은 2개다.

시중에 유통되는 몬스테라 알보는 탑 삽수와 미들 삽수 외에도 다음과 같은 종류가 있습니다.

벌브 bulb	중간 삽수에 잎이나 기근이 없는 개체, 국내 식집사들 사이에서 '몽둥이'로 불리기도 함
와이Y 삽수	미들 삽수에서 올라온 새순이 잘려 생장점이 없는 개체. 흔히 잘라 낸 부분이 3곳이기 때문에 벌브의 형태가 Y자여서 붙은 이름
바텀 bottom	윗부분을 잘라 내고 아랫부분만 남긴 개체

와이 삽수를 식재한 개체

절단면이 1개인 바텀

절단면이 2개인 바텀

이러한 것들도 결국 처음에는 어떤 개체의 탑 삽수 아니면 미들 삽수에서 나온 것이기 때문에, 몬스테라 알보는 크게 이 두 가지 형태로 나누는 것이 일반적입니다. 보통 몬스테라 알보를 구매한다면 이런 삽수를 구매할 수도 있고, 이 삽수를 흙에 식재한 개체를 구매할 수도 있습니다.

참고로 요즘은 종자산업법에 따라 종자원의 인가를 받지 않은 개인이 삽수를 거래하는 것을 제한했기 때문에 대부분 흙에 식재된 개체만 시중에서 판매되고 있는 상황이기는 합니다. 원래 식물은 뿌리·줄기·잎을 갖추면 하나의 독립된 식물 개체로 보아 거래가 가능합니다. 몬스테라 삽수 역시 뿌리·줄기·잎을 갖추었지만 종자원에서는 몬스테라 삽수를 번식체의 일종, 즉 독립된 식물 개체가 아니라 종자로 판단해서 거래가 불가하다는 입장을 밝혔습니다. 이에 대해 의문을 제기하자 흙에 식재하면 독립된 개체로 볼 수 있으므로 종자원에 등록하지 않아도 판매가 가능하다는 답변을 내놓았습니다.

종자원의 인가를 받지 않은 개인이 흙에 식재되어 있지 않은 삽수 형태를 거래하는 것은 불법이다.

이런 답변은 납득하기 쉽지 않습니다. 종자원의 말대로라면 현재 거래되는 흙에서 자라는 식물들 중 수경 재배가 가능한 식물을 수경 재배 키트로 판매하는 것은 전부 문제가 될 수 있고, 또 양액 재배의 경우에도 문제가 될 수 있습니다. 하지만 그에 대한 명확한 답변 없이 단속하겠다는 공문만 각 중고거래 사이트와 식물 카페에 보낸 상태입니다. 마땅히 종자원에서 명확한 근거를 기준으로 공지하고 법 취지에 맞춰서 단속을 해야 할 텐데 현실은 그렇지 못한 실정입니다. 기존 식물업자들과 상인들이 개인 간의 거래로 이익이 발생하는 것을 부정적으로 보고 종자원에 신고를 한 것이 이 일의 발단이 아닌가 하는 생각이 듭니다.

사실 법 취지는 종자나 번식체 등을 농민들이 구입할 때 잘못된 종자를 구입하는 피해를 막고자 하는 것인데 이를 엉뚱하게 해석하여 기득권 식물업자와 상인에게는 보호 장치로, 개인에게는 진입 장벽으로 작용한다는 느낌을 받습니다. 현재는 몬스테라 알보이건 그 외 관엽 식물들이건, 혹은 다른 제라늄이나 다육이건 모두 잎이나 삽수 자체를 거래하는 것은 불법이며, 종자원에 등록된 개인이나 기업의 경우에만 판매가 가능합니다. 따라서 종자원에 등록을 하지 않은 개인이 종자를 판매하는 것도 불법입니다.

법적 문제를 떠나 초보자의 경우, 몬스테라 알보의 삽수를 구입하는 것보다는 가격이 나가더라도 흙에 식재된 개체를 선택하는 것이 안전합니다. 흙에 식재된 개체들 중에서도 탑 삽수가 식재된 개체와 미들 삽수가 식재된 개체가 있는데, 초보자의 경우에는 당연히 탑 삽수를 식재한 개체를 사는 것이 좋습니다. 물론 탑 삽수를 식재한 개체가 미들 삽수를 식재한 개체보다 2배 이상 비싸지만, 탑 삽수를 식재한 개체는 기존에 나타난 무늬가 그대로 이어지기 때문에 기존의 잎 무늬를 확인한 이상 고스트나 무지가 나올 확률은 거의 없습니다. 그에 반해 미들 삽수를 식재한 개체는 잎과 본줄기(벌브)

가 만나는 자리 근처의 생장점에서 새순이 자라 잎이 나오게 되는데, 운이 나쁠 경우 고스트나 무지가 나올 확률이 얼마든지 있기 때문에 초보자들에게는 권장하지 않습니다.

절단면이 1개인 탑 삽수

절단면이 2개인 미들 삽수

또한 탑 삽수를 식재한 개체의 경우 절단면이 1개이기 때문에 상대적으로 절단면이 썩어 들어갈 확률이 적지만, 미들 삽수의 경우 절단면이 2개이기 때문에 물꽂이나 흙 식재 시 썩을 확률이 높아지므로 주의해야 합니다. 과거에는 이러한 절단면에 촛농, 즉 파라핀 처리를 해서 썩는 것을 막기도 했는데, 이렇게 처리를 해도 역시 썩는 경우가 있어서 지금은 권장하지 않는 방법입니다. 또 별도의 약제를 바르는 경우도 있기는 합니다만, 가장 좋은 것은 튼튼한 식물 개체를 깨끗이 소독한 칼이나 가위로 잘라 깨끗한 물에 물꽂이를 하거나, 비료기가 없는 흙에 식재를 하는 것이 가장 좋습니다. 사실 튼튼한 개체는 순화 중 썩거나 과습이 오거나 해서 죽을 확률이 낮습니다.

식재한 지 얼마 되지 않아 아직 새순이 올라오지 않은 개체는 가급적 구매하지 않는 것이 좋다.

식재 후 순화되어 새순이나 새잎이 올라오고 있는 개체를 구매하는 것이 좋다.

또한 삽수를 식재한 지 얼마 되지 않은 개체보다는, 어느 정도 성장에 탄력이 붙어서 새순이 올라오거나 새잎이 나온 개체를 구입하는 것이 더 좋습니다. 어느 정도 성장한 개체는 가격이 그만큼 비싸겠지만, 이미 순화가 끝난 상태이기 때문에 식물이 죽을 확률이 극히 드물고, 특히 몬스테라 알보와 같은 무늬종의 경우에는 무늬가 발달해 가는 과정을 확인할 수 있어서 좋습니다.

몬스테라는 외떡잎식물로 줄기를 기준으로 좌측과 우측에 잎이 하나씩 순서대로 자라납니다. 이때 몬스테라 무늬 품종들의 경우 좌측 잎은 좌측 줄기, 우측 잎은 우측 줄기 무늬의 영향을 받는데, 좌측 줄기와 우측 줄기의 무늬가 늘어나고 있느냐 줄어들고 있느냐에 따라 잎의 무늬도 같은 경향을 보입니다. 따라서 한 줄기에 잎이 4장 달린 개체의 경우에는 좌측 잎과 우측 잎의 무늬가 각각 발달할지 혹은 퇴화할지 그 방향을 알 수 있습니다. 즉 아래쪽 좌측 잎에 비해 위쪽 좌측 잎의 무늬가 줄었다면 좌측 잎들은 무늬가 줄어들고 있는 것이고, 아래쪽 우측 잎에 비해 위쪽 우측 잎의 무늬가 늘었다면 우측 잎들은 무늬가 늘어나고 있는 것입니다. 무늬가 늘어나고 있다고 좋은 것도 아니고 줄어들고 있다고 나쁜 것도 아닙니다. 흰색과 녹색이 반반씩 잘 조화를 이루거나, 적당히 유지되고 있는 상태가 좋은 것입니다.

↑ 몬스테라 알보 줄기
↓ 흰색이 많은 줄기와 그 줄기에서 난 잎.
  잎 역시 하얀 지분이 많은 것을 알 수 있다.

녹색이 많은 줄기와 그 줄기에서 난 잎. 녹색 지분이 많은 것을 알 수 있다.

　또한 몬스테라잎의 형태가 찢어져 있는 소위 찢잎인지 아닌지, 혹은 구멍이 있는지 없는지 등의 차이에 따라 나뉘는 종류에 대해서도 궁금하실 듯합니다. 사실 몬스테라는 아직 작은 시절에는 찢어지지 않은 잎이 나오다가, 크기가 커지면 찢어진 잎들이 나오게 됩니다. 그렇다고 이미 기존에 작게 나온 잎들이 추후에 커지거나 찢어지진 않습니다. 처음 돌돌 말려 나온 잎이 펴진 이후에 기존의 크기에서 1.5배 정도까지 자라기도 하지만, 잎 색상이 짙은 녹색으로 굳어진 뒤에는 크기에 변화가 생기지 않습니다.

　따라서 여러분이 몬스테라 알보를 구입할 때, 찢잎이 있는지 없는지 여부는 크게 중요하지 않습니다. 물론 찢잎이 있는 개체는 그렇지 않은 개체보다 더욱 큰 개체일 확률이 높고 또 그러한 개체에서 번식했겠지만, 큰 개체에서 번식한 개체라고 해서 더욱 빨리 성장하거나 더 튼튼하다고 볼 수는 없습니다. 마찬가지로 흔히 벌브 사이즈라 불리는 줄기의 두께도 구입 시 크게 고려할 요소는 아닙니다. 만일 잎이 크다면 광합성에 유리하겠으나, 그만큼 뿌리도 더 크게 성장해야 하는데 아직 순화가 덜 된 개체의 경우에는 뿌리가 발달하기까지 시간이 오래 걸리기 때문입니다. 즉 일장일단이 있습니다. 만약 여러분이 작은 개체의 몬스테라 알보를 구입했다 하더라도, 환경만 좋다면 1년 안에 충분히 대품으로 키워 내는 것도 가능합니다.

하나의 개체에서도 찢어진 잎과 그렇지 않은 잎이 나올 수 있다.

좋은 몬스테라 알보란 어떤 것인지 다시 정리를 해 보면 산반 무늬가 소고기 마블링처럼 골고루 잘 발달한 개체이면서 탑 삽수를 식재했거나, 혹은 어느 정도 성장에 탄력을 받아 잎의 무늬가 발달하는 방향을 확인할 수 있는 것이 좋은 개체입니다. 이처럼 특성이 명확히 드러난 개체는 초보자나 번식을 통해 식테크를 원하는 사람 모두에게 알맞기 때문에 전문가들도 권장하고 있습니다.

물론 가격을 고려하지 않을 수 없습니다. 앞에서 몬스테라 알보의 잎 1장당 대략 50만 원 정도라고 말씀드렸었는데, 미들 삽수의 경우 잎 1장짜리 개체이기 때문에 식재된 개체를 기준으로 50~80만 원 정도로 비교적 가격이 저렴하지만, 탑 삽수의 경우는 잎이 보통 2장 이상으로 커팅이 이루어지고, 무늬에 대한 안정성도 높은 데다 생장점도 더 많기 때문에 최소 100만 원 이상 가격을 형성합니다. 좋은 개체인 경우에는 200만 원까지도 갈 수 있습니다.

탑 삽수	미들 삽수(중간 삽수)
몬스테라의 가장 윗부분 잎 2~3개를 기근과 함께 커팅한 삽수	몬스테라의 가장 아래 뿌리가 난 부분인 바텀과, 탑 삽수 사이의 잎을 기근과 생장점을 포함해 잎 1장씩 커팅한 삽수
상단부 잎의 잎자루에 새로운 잎이 나올 생장점을 포함해 각 잎마다 추가적인 생장점이 모두 살아 있음(통상 생장점이 3개)	줄기에 달린 잎자루 바로 위쪽에 동그랗고 볼록하게 생장점이 1개 자리 잡고 있으며, 이 생장점이 잘 리면 와이 삽수가 됨
기존 모체에 무늬가 있는 경우 그 무늬를 그대로 이어받기 때문에 고스트나 무지가 나올 위험이 없으며, 생장점도 많아 번식에 유리	생장점에서 새순이 자라 새잎이 나오기 때문에 고스트나 무지가 나올 위험이 있으며, 생장점도 하나이기 때문에 첫 새순의 무늬가 나쁘거나 새순에 상처를 입으면 번식에 실패할 위험이 있음
미들 삽수에 비해 비교적 기근 발달 상태가 나쁘기 때문에 뿌리를 내리고 순화를 시키는 데에 시간이 좀 더 오래 걸림	탑 삽수에 비해 잎 숫자가 적고, 상대적으로 기근이 더 발달해 있을 확률이 높기 때문에 순화에 시간이 단축될 수 있음(삽수 상태에 따라 다름)
잎과 생장점의 숫자가 더 많고, 무늬가 안정적이기 때문에 미들 삽수에 비해 가격이 2~3배가량 비쌈	몬스테라 알보를 구입하는 가장 저렴한 단위로, 구입하려는 사람이 많아 통상 잎 1장당 가격보다 다소 비싸게 거래됨

식물을 좀 키워 보셨다는 분들은 50만 원 정도의 미들 삽수를 구매해도 괜찮지만, 처음이라면 조금 더 투자하더라도 안정적으로 자랄 수 있는 탑 삽수를 구매할 것을 권합니다.

알보를 구입하는 방법

좋은 알보가 무엇인지 파악했으니, 그럼 이제 어떻게 식물을 구입해야 하는지 알아봐야겠지요? 우선 식물을 구입하기 전에 몇 가지 전제를 깔고 시작해 보도록 하겠습니다.

"첫째, 싸고 좋은 식물은 없다. 둘째, 식물의 가격은 내가 아는 만큼 저렴해진다. 셋째, 모든 식물은 직접 눈으로 보고 구매하는 것이 좋다."

몬스테라 알보는 물론이고 희귀 열대 관엽 식물을 구입할 때 명심해야 할 첫 번째 포인트는 "싸고 좋은 식물은 없다."는 것입니다. 몬스테라 알보는 물론이고 다른 몬스테라를 구매할 때도 마찬가지입니다만, 많은 사람들이 "무늬 예쁘고, 잘 안 죽으면서, 저렴한 식물로 분양해 주세요."라고 합니다. 그러면 저는 항상 이렇게 대답합니다. "그런 식물이 있으면 제가 먼저 사죠."

시장 경제 논리상 싸고 좋은 물건은 없습니다. 판매자가 구매자와 친분 등이 있다면 저렴하게 판매할 수 있겠으나, 그렇지 않은 이상 싼 식물에는 무엇인가 문제가 있을 확률이 높습니다. 아니면 사기이든가요.

인터넷에는 수많은 몬스테라 알보 판매자들이 있습니다. 네이버 스마트 스토어나 쿠팡, 식물 전문 판매 플랫폼인 심폴이나 온팜, 식물 카페의 판매 게시판, 식물 마니아의 개인 블로그, 중고나라, 당근마켓 등 모든 판매 채널에는 다양한 종류의 몬스테라 알보가 올라와 있습니다. 그 판매자들 중 어느 누구도 수십만 원짜리 식물을 팔면서 시세도 확인하지 않고 저렴하게 올리는 경우는 없습니다. 설령 그런 매물이 있다 하더라도 초보자인 여러분의 눈에 띄기 전에 이미 다른 전문가나 업자가 사 갔을 겁니다. 즉, 이상할 정도로 가격이 싸다면 일단은 의심해 봐야 합니다. 예를 들어 중고나라에 어떤 몬스테라 알보가 올라왔는데, 잎 상태도 좋고, 무늬도 좋고, 뿌리도 잘 자리 잡아서 개체로서는 더할 나위가 없는데 여기에 가격마저 싸다고 가정해 봅시다. 이런 개체는 벌브의 커팅 자리가 3개인 생장점이 없는 와이 삽수이거나, 벌브가 안 보이게끔 흙에 깊숙이 식재한 와이 삽수일 확률이 높습니다. 즉, 미들 삽수에서 새싹이 올라왔는데 새로 나온 잎이 고스트이거나 무지여서 그 새싹을 잘라 버린 개체인 것입니다. 모든 몬스테라 삽수는 잎 하나당 생장점이 1개인데, 이렇게 새순이 잘려 버린 경우 생장점이 더는 남아 있지 않기 때문에 새순이 올라올 확률은 극히 낮고 더는 생장하지 못할 가능성이 높습니다. 초보자들은 이러한 개체 특성을 제대로 알지 못하는 경우가 많기 때문에 사기를 당할 확률도 높습니다. 따라서 몬스테라 알보에 대해 많이 알아야 이러한 피해를 막을 수 있습니다.

생장점이 없고 절단면이 3개인 와이 삽수를 식재한 개체. 이런 개체는 구매하면 안 된다.

정아의 생장점에서
새로 나온 잎

생장점

일반적으로 생장점이 3개인 탑 삽수. 위 개체의 경우 정아의 생장점에서 잎이 하나 나왔고, 추후 새잎의 생장점에서 또 잎이 나올 가능성이 크다.

생장점이 1개인 미들 삽수

몬스테라 알보를 구입할 때 명심해야 하는 두 번째는 "식물 가격은 내가 아는 만큼 저렴해진다."는 것입니다. 앞에서 좋은 알보와 나쁜 알보를 구별하는 방법을 설명해 드리기는 했지만, 사실 몬스테라 알보에 대해 공부를 하더라도 몬스테라 알보를 실제로 키워 본 사람보다는 지식이 적을 수밖에 없습니다. 그리고 여러분에게 몬스테라 알보를 판매하려는 사람은 알보를 키워 본 사람이겠지요. 또한 판매자는 해당 식물을 오랫동안 봐 오면서 상태 등을 잘 알고 있겠지만, 여러분은 그 식물을 사진이나 현장에서 잠깐 보는 것만으로 판단해야 합니다. 이 차이가 구매 가격을 크게 좌우합니다. 좋은 몬스테라 알보를 사기 위해서는 그만큼 많은 경험과 지식이 필요합니다.

몬스테라 알보를 구입할 수 있는 곳은 크게 세 가지로 나눌 수 있습니다. 첫 번째는 전문 사업자들이 판매를 하는 곳입니다. 희귀 식물 전문 매장이나 식물 카페 같은 오프라인 매장도 있고, 네이버 스마트스토어나 쿠팡 같은 온라인 매장도 있습니다. 또 식물 전문 플랫폼인 심폴이나 온플 등도 유명하지요. 이런 판매처들은 사업자 등록을 하고 판매를 하고 있기 때문에 문제가 발생할 경우 소비자보호원의 도움을 받기 쉽습니다.

물론 이런 사업자들이 판매하는 매장에서도 무늬 몬스테라를 알보처럼 헷갈리게 해서 판매하거나, 가격을 시세보다 훨씬 비싸게 받는 등 여러 문제가 발생할 수는 있습니다. 하지만 금방 죽을 수도 있는 식물이나 크게 문제가 될 만한 식물을 샀더라도 손해를 만회할 방법이 있습니다. 그런 식물을 샀을 경우 소비자보호원에 신고하여 구제를 받을 수 있으니까요. 또한 미리 입금했는데 식물을 받지 못하는 사기를 당할 위험도 거의 없습니다. 특히 주변에 몬스테라 알보를 판매하는 판매자가 없어서 멀리서 몬스테라 알보를 구입해야 하는 장거리 거래 때 유리합니다. 요즘 통신판매사업자들은 반드시 구매 안전 서비스인 '에스크로'에 등록을 해야 하기 때문에 초보자들에게 가장 권장하는 판매처이기도 합니다.

두 번째로는 온라인 식물 카페나 식물 마니아 혹은 인플루언서의 블로그, 화원이 운영하는 블로그 등의 판매처입니다. 사업자 등록을 내고 판매를 하는 곳도 있고, 개인이 소규모로 운영하는 곳도 있습니다. 어느 쪽이든 식물에 문제가 있을 때 환불을 받기가 상대적으로 힘듭니다. 하지만 온라인 식물 카페는 카페 내의 평판 때문에 문제가 될 식물을 판매하기 쉽지 않다는 점, 그리고 블로그는 자신의 블로그 성장을 위해 문제가 되는 식물은 되도록 판매하지 않는다는 점 등을 고려해 보면 중고나라나 당근마켓 같은 P2P 플랫폼보다는 좀 더 안전하게 거래를 할 수 있습니다. 다만 판매자에 따라 식물 질의 편차가 크고, 가격도 일반 스토어보다 비싼 경우가 있기 때문에 어느 정도 식물을 볼 줄 아는 눈이 필요합니다.

마지막으로 온라인 P2P 플랫폼인 중고나라나 번개장터, 당근마켓 등이 있습니다. 쉽고 간편하게 거래할 수 있고 비교적 저렴한 가격에 원하는 식물을 구할 수 있다는 장점이 있습니다. 하지만 사기를 당할 위험성이 가장 높고 식물 질 또한 보장받기 힘듭니다.

각 판매처마다 일장일단이 있는 만큼 여러분은 책에 실린 다양한 몬스테라 알보 사진을 꼼꼼하게 보고, 또 온라인에서도 최대한 많은 사진과 자료를 살펴서 상황에 맞게 잘 대처할 수 있는 역량을 키우기 바랍니다. 물론 이렇게 한다고 해서 바로 전문가가 되어 장단점을 판단할 수는 없으니 너무 저렴한 물건이라면 일단 의심하고 배제해야 합니다.

특히 P2P에서 처음 식물을 거래하는 경우, 사진과 실물이 다르더라도 초짜 가드너가 이를 반박하기 쉽지 않고, 또 현장에서 당황해 생각지 못한 실수를 할 수도 있습니다. 따라서 식물 거래 경험이 별로 없다면 가급적 P2P 플랫폼은 피하는 것이 좋습니다.

결론적으로, 식물에 대한 지식이 적다면 비록 다소 비싸더라도 좀 더 검증된 온라인 스토어나 오프라인 마켓에서 구입하는 것이 괜찮은 식물을 구입할 가능성이 높습니다. 식물에 대한 지식이 많다고 자신할 수 있으면 중고나라나 당근마켓 등 P2P 플랫폼을 통해 상대적으로 저렴한 식물을 잘 골라 구입하는 것도 좋습니다. 물론 첫 번째 전제에서도 말씀드렸듯, 싸고 좋은 식물은 없습니다. 자신의 지식수준으로 판단할 수 있는 식물 개체를 그 가격에 살 수 있을 뿐이죠.

또한 공인된 곳이거나, 유명한 오프라인 식물 판매처인 곳이라고 해서 안심할 수 있는 것은 아닙니다. 이들 또한 비양심적인 가격으로 식물을 판매하거나 소비자를 가려 식물 가격을 그때그때 다르게 판매하기도 합니다. 이뿐만이 아닙니다. 해외에서 가져온 식물의 가격을 수십 배로 부풀려서 판매한 일도 있었고, 식물 수입을 대가로 선금을 받고는 식물을 보내 주지 않는 사례도 있었습니다. 물론 시세에 따라 식물값이 오르거나 내리는 경우가 있기는 하지만, 비싼 식물의 경우 별도의 가격표를 붙여 놓지 않거나, 가격을 미리 공지하지 않은 채 전화나 댓글로만 문의를 받는 곳도 상당수 있기 때문에 소비자 입장에서는 본인이 지불한 비용이 적정한지 알 수 없는 경우가 많습니다. 따라서 최대한 여러 판매처를 확인하고 시세를 분석하여 적정한 가격에 적정한 개체를 사고자 하는 노력을 기울여야 좋은 몬스테라 알보를 구할 수 있다는 것을 다시 한번 강조합니다.

몬스테라 알보를 구입할 때 명심해야 하는 세 번째는 "모든 식물은 직접 눈으로 보고 구매하는 것이 좋다."는 것입니다. 이건 비단 식물뿐 아니라 구매하고자 하는 대다수 물건에 해당이 되는 말일 테지요. 특히 식물은 정형화된 형태로 만들어지는 공산품도 아니고, 품질 보증서가 있는 보증된 개체도 아닙니다. 판매자가 마음만 먹으면 얼마든지 수상한 거래를 시도할 수 있습니다. 물론 판매자 본인도 의도치 않게 문제가 있는 식물을 파는 경우가 생길 수도 있지요. 어느 쪽이든 구매자 입장에서는 피해야 할 상황입니다. 따라서 거래는 가능한 한 현장에 나가 실물을 직접 보고 하는 것이 좋습니다.

물론 구매하고자 하는 식물을 직접 보더라도 그 자리에서 식물에 대해 완전히 판단하기는 힘듭니다. 하지만 적어도 판매자가 어떤 사람인지는 확인할 수 있으리라 생각합니다. 또한 이렇게 현장 거래를 하면 선금만 먼저 받고 식물을 보내지 않는 사기도 막을 수 있습니다. 특히 고가의 식물을 구입하는 경우라면 무조건 직거래를 하는 것이 안전합니다.

계절도 주의해야 합니다. 겨울철의 경우 식물이 택배나 퀵 배송 등으로 오가는 과정에서 냉해를 입을 수도 있고, 또 배송품이 중간에 파손되거나 분실되는 경우도 있기 때문에 문제가 될 때가 많습니다. 이 경우 판매자와 구매자 사이에 누가 책임을 질 것인지 논란이 생기게 되는데, 법적 판단을 구한다 하더라도 몬스테라 알보 같은 식물은 돌연변이로서의 가치를 인정받기 힘들고, 단순히 몬스테라 델리시오사 원종으로서의 가치만 인정받게 될 가능성이 크기 때문에 훼손되거나 분실된 식물의 현물 시장 가격을 보상받는 것은 현실적으로 어렵습니다.

부득이 택배를 이용하여 거래를 할 경우에 도움이 될 수 있는 노하우를 몇 가지 알려 드리겠습니다. 우선 겨울철에는 영하의 실외 공기에 잠시만 노출되어도 몬스테라가 냉해를 입을 수 있습니다. 최대한 외부 공기를 차단하고 따뜻한 공기를 유지시켜 주는 것이 좋습니다. 따라서 택배나 퀵 배송은 물론, 개인 간 거래 시에도 몬스테라잎이 외부 공기에 직접 노출되지 않도록 주의해야 할 필요가 있습니다. 직접 수령할 때 건물에서 차로 식물을 옮기는 과정에서도 냉해를 입을 수 있기 때문에, 아무리 짧은 시간이라도 비닐봉지 등을 덮어 외부 공기를 차단시키는 것이 중요하며, 좀 더 긴 시간 외부 공기에 노출될 위험이 있을 때에는 아예 스티로폼 상자에 넣어 운반하는 것이 좋습니다. 스티로폼 박스는 인터넷에서 손쉽게 구매할 수 있으며 가격도 크게 비싸지 않기 때문에 겨울철 운반용으로 사용하기 좋습니다. 만일 겨울철에 택배로 장거리 배송을 보낼 일이 있으면 스티로폼 박스 내부에 핫팩을 부착해서 발송하는 것도 하나의 방법입니다.

택배는 가급적 우체국 택배를 이용하는 것이 좋은데 오후 5시 30분 이전에 접수된 택배는 익일 배송이 원칙이라고 하니 알아 두면 도움이 될 것입니다. 특히 우체국 택배는 전량 실내 보관이기 때문에 스티로폼 박스에 핫팩을 부착해 보내면 영하의 날씨에도 비교적 안전하게 식물을 발송할 수 있습니다. 한편 큰 식물 개체를 배송하는 경우에는 오토바이 퀵 배송보다는 소형 화물 차량을 이용하는 것이 안전성 등에서 뛰어나므로 참고하기 바랍니다.

Part 3

몬스테라 알보 키우기

1 몬스테라 알보를 잘 키우는 법

이제부터는 몬스테라 알보를 잘 키우는 법에 대해 이야기하려고 합니다. 이 책에서는 몬스테라 알보만을 다룹니다만, 몬스테라 알보를 키우는 법을 알면 일반 몬스테라를 비롯해 다른 상위종 몬스테라를 키울 때에도 모두 적용이 가능합니다. "몬스테라 알보를 잘 키울 수 있으면, 옐로우 몬스테라도, 민트 몬스테라도 잘 키울 수 있다."라는 말은 그래서 나온 것이기도 합니다.

사실 저는 몬스테라를 제외한 다른 관엽 식물에 대한 지식은 많지 않습니다. 필로덴드론이나 알로카시아 등 다른 관엽 품종들도 키워 보기는 했으나, 그렇게 많은 양을 오래 키우지는 않았고, 또 그 품종들에 대해서는 저보다 더 많이 아는 분들이 있을 것 같습니다. 그래서 저는 제가 가장 잘 알고, 식테크 측면에서도 가장 유용하며 오랫동안 지켜본 몬스테라 품종들, 그중에서도 몬스테라 알보에 대해서 이야기하고자 합니다.

현재 제가 학원에서 키우고 있는 몬스테라 숫자는 모종까지 합하면 대략 1천 개 정도 되는 것 같습니다. 물론 계속해서 몬스테라 델리시오사 씨앗을 발아시키고 있기 때문에 그 숫자가 더욱 늘어나기도 하고, 반대로 식물을 판매하거나 기증 또는 폐기하면서 숫자가 줄어들기도 합니다. 하지만 상당히

몬스테라 델리시오사 모종들. 몬스테라 알보는 씨앗으로 번식시키면 무늬가 나타나지 않는다..

많은 숫자의 몬스테라를 3년 넘게 키우면서 여러 가지 경험을 쌓았다고 자부할 수 있습니다.

제가 이렇게 몬스테라에 집중할 수 있는 이유가 있기는 했습니다. 코로나 이전에는 수업이 많았기 때문에 거의 모든 시간을 학원에서 보냈고, 코로나로 학원이 어려워졌을 때는 한동안 학원에서 먹고 자고 하다시피 하면서 이래저래 학원을 크게 벗어나지 않는 생활을 유지해 온 것이죠. 그래서 몬스테라 한 품종만을 거의 매일같이 지켜보며, 몬스테라들이 어떻게 자라고 크는지 관찰해 왔습니다. 여러 차례 몬스테라의 성장 영상을 타임 랩스로 찍기도 했었죠.

저보다 희귀 열대 식물을 더 많이, 그리고 오래 키우신 분들도 분명 있으리라 생각합니다. 그런 식물들을 전문적으로 취급하는 농원 사장님들도 계실 테고요. 하지만 저처럼 가까이서 몬스테라라는 단일 품종 하나의 성장을 매일같이 지켜본 사람은 드물지 않을까 싶습니다. 델리시오사와 보르시지아나 품종을 잎사귀 모양으로 구별하는 방법을 국내에서 제가 제일 먼저 발견하여 알릴 수 있었던 것도 어쩌면 이런 열정과 노력 덕분이었는지 모릅니다.

이렇게 매일같이 몬스테라를 들여다보면서 생활하고, 또 코로나 이후에는 학원의 생존을 위해 어떻게 하면 몬스테라 알보를 빨리 성장시키고 번식시킬 수 있을까 고민하면서, 여러 가지 실험을 해 보았습니다. 학원 전체 조명을 24시간 유지해 보기도 했고, 대용량 가습기를 이용해 습도가 낮은 경우와 높은 경우 등 여러 조건을 만들었을 때, 몬스테라 알보 성장에서 어떤 유의미한 차이가 있는지 다양한 결과치를 내 보기도 했습니다. 때로는 습도 90%라는 다소 극한 조건을 상정해 일정 기간 유지하는 실험을 한 적도 있습니다. 또 고농도의 질소만 포함된 비료를 줘 보기도 하고, 다양한 방식의 순화법과 번식법을 적용해 보기도 했습니다.

사실 이런 시도들이 대학 연구실 등에서 시행하는 것처럼 정확한 방법으로 한 실험도 아니었고, 변인 등을 엄격하게 통제하여 정밀한 데이터를 얻어 낸 것도 아니었으나, 경험의 누적을 통해 대략적이나마 '이런 식으로 몬스테라 알보를 키우면 유리하겠다'는 밑그림은 그릴 수 있었다고 생각합니다. 이렇게 얻은 저의 경험들을 여러분과 공유하고자 합니다.

잎이 타는 것을 막는 방법

우선 가장 먼저 이야기할 내용은 바로 광량입니다. 앞에서도 많이 강조했지만 몬스테라를 키우는 데에 가장 중요한 것은 바로 빛입니다. 특히 몬스테라 같은 대형 관엽 식물의 경우, 식물등을 촘촘하게 배치하더라도 항상 빛의 사각이 생길 수밖에 없으며, 직광에 가까운 햇빛 아래에서는 웬만한 식물등마

저 그늘이 생길 정도로 태양의 광량이 어마어마하기 때문에 자연광의 중요성은 아무리 강조해도 부족하지 않습니다. 따라서 식물등만으로는 사실 몬스테라의 잎 크기를 키우는 데에 한계가 있으며, 가능한 한 자연광으로 햇빛이 유리 한 장만 통과한 자리에서 식물을 키우는 것이 이상적입니다. 하지만 어떠한 이유에서건 자연광이 들어올 수 없는 곳에서 몬스테라 알보를 키워야 한다면, 최대한 많은 식물등을 배치하거나, 촬영용 조명을 가져다 비춰주는 것도 하나의 방법이 될 수 있습니다.

코로나 초기 학원에 집합 금지 명령이 떨어지면서, 모든 수업을 온라인으로 진행하던 시기가 있었습니다. 그 전까지는 학원 수업이 지속적으로 있었기 때문에 학원 조명을 자주 켜 놓는 편이었는데, 온라인 수업 이후에는 일주일 내내 조명을 켤 일이 거의 없었습니다. 그렇게 한 달가량이 지났을 때, 학원에서 키우는 몬스테라 알보의 잎들 중 하얀 부분이 평소보다 훨씬 많이 갈색으로 녹아 있는 것을 발견했습니다. 그 후 저는 몬스테라 알보의 잎이 녹는 이유가 광량 부족 때문이라고 생각하고 24시간 동안 학원의 모든 조명을 켜 놓았습니다. 그렇게 몇 주가 지났을 때, 몬스테라 알보의 잎이 더 이상 녹지 않는 것을 발견하고, 광량과 몬스테라 알보의 흰 지분이 녹는 것 사이에 어떤 관계가 있음을 알게 되었습니다.

사실 몬스테라 알보를 키우는 사람이 많지 않던 몇 년 전까지만 해도,

갈색으로 '녹은' 잎

몬스테라 알보를 키우는 사람들이 가장 궁금해했던 점 중 하나는 '어떻게 하면 몬스테라 알보의 잎이 타지 않게 키울 수 있는가?' 하는 것이었습니다. 사실 '탄다'는 말은 식집사들 사이에서 쓰는 표현이고, 정확히 정의하자면 '하얀 부분이 갈색으로 변해 죽어 가는 것'을 말합니다. 지금은 몬스테라 알보 잎의 하얀 부분이 녹는 것은 내부의 수분 때문이라는 사실이 널리 알려져 있지만, 당시에는 많은 사람들이 몬스테라 알보의 하얀 잎이 사전적인 표현 그대로 건조한 공기나 뜨거운 햇빛 등에 '타는' 것이라고 생각했습니다. 그래서 몇몇 가드너들은 "몬스테라 알보는 원래 습도가 높은 정글 등에서 자라는 열대 식물인데, 우리가 키우는 가드닝 공간은 사막처럼 너무 건조하기 때문에 '타는' 현상이 발생하는 것"이라고 주장하기도 했죠.

몬스테라 알보 잎의 하얀 부분이 갈색으로 변하는 것은 흰 지분이 있는 부분에 엽록소가 없어 광합성을 하지 못해서, 즉 잎 내부의 수분을 제대로 증산시키지 못해서 잎이 녹는 것입니다. 이렇게 녹았던 잎이 나중에 마르면서 마치 불에 탄 종이처럼 바스라지는데, 사람들이 이걸 보고 잎이 타 버렸다고 생각했던 것이죠. 몬스테라 알보의 잎이 녹은 부분을 자세히 보면, 물결무늬처럼 잎이 수분에 의해 녹아 들어간 자국을 발견할 수 있습니다.

그렇다면 몬스테라 알보의 잎이 녹는 것을 어떻게 막을 수 있을까요? 가장 좋은 방법은 몬스테라 알보의 녹색 잎 부분에서 광합성이 활발하게 일어나게 해서 잎 내부의 수분을 최대한 증산시키는 것입니다. 그리고 광합성을 하기 위해서는 충분한 빛이 필요하고요. 하지만 반반 무늬 잎의 경우에는 녹색 부분에서 광합성을 하더라도 흰색 부분의 수분을 제대로 증산시키지 못해 흰색 부분이 점차 녹아내리게 됩니다. 고스트 잎의 경우엔 이러한 현상이 더욱 심할 수밖에 없습니다.

이들에 비해 산반은 흰색 무늬 주위 곳곳에 엽록소가 있는 녹색 부분이 존재하기 때문에, 상대적으로 수분 증산에 유리한 점이 있습니다. 따라서 몬스테라 알보의 경우 반반보다는 산반이, 무늬가 많은 것보다는 적은 개체가 녹는 위험에 빠질 가능성이 낮습니다. 또 무늬가 없는 일반 몬스테라의 경우 강렬한 햇빛에 잎이 타거나 과습으로 뿌리가 녹아 잎이 수분을 공급받지 못해 마르는 경우는 있어도 잎이 녹는 경우는 거의 없습니다.

일액 현상

몬스테라를 키우다 보면 물방울이 잎끝에 맺혀 있는 것을 볼 수 있습니다. 이것을 일액 현상이라고 하는데, 뿌리의 삼투 현상과 모세관 현상에 의해 잎으로 과도한 수분이 전달된 경우, 이 수분을 잎 밖으로 배출하여 잎끝에 물방울이 맺히는 것입니다. 이 현상은 광합성을 하지 못해 잎 내부의 수분을 증산하지 못하는 밤 시간에 보통 일어나기 때문에 주로 아침에 관찰할 수 있지요. 이 일액 현상으로 잎끝이 살짝 녹기도 합니다만, 잎 전체가 수분에 의해 녹는 현상이 나타나는 경우는 드뭅니다. 따라서 이러한 일액 현상을 방지하는 것만으로도 몬스테라 알보의 잎이 녹는 것을 어느 정도 막을 수 있습니다.

몬스테라 알보를 키우는 가드너들의 경우 일액 현상으로 생기는 물방울을 말리기 위해 서큘레이터나 선풍기를 틀기도 합니다. 또한 광합성이 일어나지 못해 일액 현상이 극대화되는 밤 시간에는 화분에 물을 주지 않고 최대한 낮 시간 중 광량이 충분할 때에 물을 주며, 몬스테라 알보의 수분 자체를 줄이기 위해 물을 적게 주기도 합니다. 하지만 화분에 주는 물의 양을 줄일 경우 성장 속도 역시 줄어들 수밖에 없기 때문에 권장하는 방법은 아닙니다. 사실 식물이 뿌리에서 삼투 현상으로 흡수하는 수분 중 광합성에 사용되는 실제 수분량은 10%에 불과하고 나머지 90%는 증산 작용을 통해 발산되는 것을 생각하면, 수분량을 줄여서 잎이 녹는 현상을 막는 것은 임시방편일 뿐 식물 생장을 크게 저해하므로 피하는 것이 좋습니다.

따라서 몬스테라 알보의 잎을 녹이지 않고 건강하게 키우기 위해서는 최대한 많은 광량을 주어 광합성량과 증산량을 늘리고, 생장이 저해되지 않는 범위 내에서 일액 현상이 일어나지 않게 적당한 양의 물을 주는 것이 핵심입니다. 또한 식물 주변의 습도가 너무 높은 경우에는 잎의 기공이 닫히면서 증산 작용이 저해되는데 이럴 경우 몬스테라 알보의 잎이 녹을 확률이 높아지므로 주의해야 합니다. 결론적으로 몬스테라 알보를 잘 키우기 위해서나, 잎이 녹지 않도록 하기 위해서는 충분한 광량이 필수 요소인 셈입니다.

그렇다면 얼마나 오랫동안 빛을 비춰 주는 것이 좋을까요? 보통 몬스테라 알보의 경우 사람이 느끼기에 눈이 부실 정도의 강한 햇빛을 최소 하루 6시간 이상 받아야 튼튼히 자랄 수 있습니다. 그런데 장마철처럼 햇빛이 부족한 시기에는 충분한 광량을 채우기가 쉽지 않습니다. 그래서 실내에서 몬스테라 알보를 키울 때에는 겨울철보다도 여름철 장마 기간이 더욱 힘든 시기가 되고는 합니다. 이때는 해가 뜨더라도 남중고도(南中高度)가 높아 햇빛이 생각보다 깊숙이 들어오지 못하는 데다가 습도까지 높아 식물이 과습으로 죽을 확률이 커집니다.

겨울철 실내 가드닝의 경우, 농원의 비닐하우스에 비해 유리한 점들이 몇 가지 있는데, 그중 가장 큰 요소가 바로 광량입니다. 일단 실내 가드닝을 하게 되면 비닐하우스에 비해 난방에 유리합니다. 비닐하우스는 난방이 힘들기 때문에 햇빛이 투과하기 쉽지 않은 비닐을 여러 겹으로 둘러쳐 단열을 하게 됩니다. 그만큼 비닐하우스 내의 식물들이 강한 햇빛을 받기 힘듭니다. 하지만 실내 가드닝의 경우 보통 유리창을 통해 대부분의 햇빛이 그대로 실내에 전달되기 때문에 식물이 자라는 데 훨씬 유리할뿐더러, 겨울철에는 남중고도가 낮아져 창문을 통해 실내 깊숙이까지 햇빛이 들어옵니다. 물론 실내에서 식물을 키우더라도 난방을 위해 창문에 단열재를 붙이거나 커튼을 치는 경우라면 충분한 광량이 들어오지 못할 수도 있겠지요. 그런 상황이 아니라면 여러 겹의 비닐을 투과해야 하는 비닐하우스보다 훨씬 많은 광량을 받을 수 있습니다.

식물등 활용법

그렇다면 식물등을 통해 빛을 장시간 비춰 주면 식물의 성장에 더 유리할까요?

네, 유리합니다. 그만큼 광합성을 더 많이 할 수 있기 때문이지요. 몬스테라 알보의 경우 24시간 식물등을 켜 주면 좀 더 빠른 성장을 유도할 수 있습니다.

그러나 많은 가드너들이 "식물 역시 잠을 자는 시간이 필요하다.", "식물도 바이오리듬이 있기 때문에 불을 꺼 주는 시간이 필요하다." 등등 여러 이유를 들어 24시간 식물등을 켤 경우 식물 자체에 문제가 생길 수 있다고 생각합니다. 농사를 짓는 분들 역시, 주변의 가로등 때문에 농작물이 웃자라고 열매가 맺지 않는 등의 피해를 보는 일이 있다는 이야기를 하기도 합니다. 열매를 맺는 식물의 경우에는 광량과 빛을 받는 시간에 반응하여 열매를 맺는 시기가 정해지기 때문에 24시간 빛을 비춰 주면 열매 맺는 것에 문제가 생길 수 있습니다. 게다가 과도하게 빠른 성장을 하는 경우 제대로 된 상품 가치를 가지지 못할 수도 있죠.

몬스테라 알보도 꽃이 피고 열매를 맺지만 식테크 관점에서 보면 중요하지도 않을뿐더러, 번식과 식테크를 위해 몬스테라 알보를 키우는 분들께는 식물의 성장 속도가 무엇보다 중요하기 때문에 24시간 빛을 비춰 주는 것은 문제가 되지 않습니다. 오히려 성장 속도를 빠르게 하는 장점이 있습니다.

물론 제가 이렇게 말씀드려도 식물 역시 동물과 마찬가지로 생체 리듬이 있어서 불이 꺼져 있는 시간이 필요하다고 주장하는 경우도 있을 테지요. 그 주장에는 이런 이야기를 들려 드리고 싶습니다. 우리가 살고 있는 지구에서 위도 48도 이상의 고위도 지방에 가면 여름철에 하루 종일 해가 지지 않는 백야 현상이 나타납니다. 위도에 따라 다르기는 하지만 길게는 6개월간 지속됩니다. 이러한 현상이 나타나는 고위도 지방에서도 식물들은 잘 자랍니다. 만약 식물에게도 생체 리듬이 있어서 밤에 자는 시간이 필요하다면, 백야 현상이 일어나는 장소에서 자라는 식물들은 이미 다 고사해 버렸어야 할 것입니다.

그렇다면 왜 우리는 '식물도 잠을 자야 한다'는 착각을 하게 된 것일까요? 그 이유 중 하나는 우리가 주변에서 흔히 볼 수 있는 선인장 같은 다육식물은 24시간 빛을 비춰 주면 고사하는 경우가 있기 때문입니다. 그래서 식물도 생체 리듬에 따라 낮에는 햇빛을 보고 밤에는 잠을 자야 한다는 주장이 나오기도 합니다.

이제 좀 더 과학적인 차원에서 24시간 식물등을 켜 두어도 몬스테라 알보의 성장이 저해되지 않는 이유에 대해 이야기해 보겠습니다.

식물은 광합성 방식에 따라 C3, C4, CAM 식물로 구분을 합니다. 그리고 광합성에는 크게 명반응과 암반응이 있지요. 암반응은 어두울 때만 반응한다는 뜻이 아니라 광합성 과정 중에서 빛이 관여하지 않는 반응 단계를 뜻하는 것입니다. 그래서 암반응을 '광(光) 비의존적 반응'이라고 표현해야 한다는 학계 의견도 있습니다. 대부분의 식물은 광합성 시에 명반응과 암반응을 통해 양분을 생성하는데, 이 둘 중 어느 한 가지 반응이라도 하지 못하면 제대로 양분을 생성하지 못해 고사하게 됩니다.

그런데 우리가 키우는 대부분의 온대 식물은 C3 식물에 해당하며, 여기서 높은 온도와 높은 광량, 건조한 날씨에 적응하여 광합성 효율을 극대화해 한 단계 진화한 식물이 C4 식물로, 몬스테라 알보를 포함한 열대 관엽 식물들이 대체로 C4 식물에 해당합니다. 사막처럼 매우 건조한 곳이나 일교차가 큰 곳에서 자라는 선인장 및 다육식물, 알로에 등은 CAM 식물에 해당하고요. C3와 C4 식물들은 빛이 있을 때에는 명반응과 암반응을, 빛이 없을 때에는 암반응만을 합니다. CAM 식물은 빛이 있을 때에는 명반응만을, 빛이 없을 때에는 암반응만을 하죠. 이런 차이 때문에 CAM 식물은 빛이 지속적으로 있을 경우 광합성에 필요한 이산화탄소를 흡수하지 못하게 됩니다.

식물이 낮에는 산소를, 밤에는 이산화탄소를 내놓는다는 이야기를 들은 적이 있으실 겁니다. 식물이 낮에는 광합성을 해서 산소를 배출하지만, 밤에는 광합성을 하지 못하고 단지 호흡만 하기 때문에 이산화탄소를 배출한다고 믿는 것이죠. 사실 이 이야기는 반쯤만 맞는 이야기입니다. 식물은 광합성의 명반응을 통해서 물과 빛을 통해 에너지를 생성하고 산소를 내놓습니다. 그리고 명반응으로 만든 에너지를 사용해 암반응을 하는데, 이때는 이산화탄소를 흡수하고 포도당을 생성하지요. 또한 식물도 생물인 이상 항상 호흡과 생장 등을 통해 포도당을 소모하며, 이때는 산소를 흡수하고 이산화탄소를 내놓게 됩니다.

그런데 앞에서 말씀드렸듯이 모든 식물은 낮에만 광합성을 하지는 않습니다. C3, C4 식물은 낮에도 명반응과 암반응을 하고, 밤에는 암반응을 하죠. CAM 식물들은 낮에는 명반응, 밤에는 암반응만을 합니다. 결국 낮에는 식물의 광합성량이 포도당을 소모하는 것보다 많기 때문에 산소를 배출하는 것처럼 보이는 것이죠. 또한 모든 식물은 어두울 때도 암반응을 하기 때문에 경우에 따라서는 야간에도 이산화탄소를 배출하는 만큼 다시 흡수를 하게 됩니다.

다만 C3, C4 식물의 경우 주간에도 충분히 암반응이 가능하기 때문에, 야간에 상대적으로 암반응을 하는 양이 많지 않지만, CAM 식물의 경우엔 빛이 있는 주간에 암반응이 불가능하기 때문에 상대적으로 야간에 암반응을 많이 하고, 따라서 야간에 이산화탄소 사용량이 많아 선인장이나 산세비에리아 등이 일반 식물들과 달리 야간에도 산소를 뿜어 낸다는 루머가 만들어지게 된 것입니다. 사실 식물이 야간에 호흡을 통해 이산화탄소를 배출하는 양은 경미한 수준이며, 그마저도 암반응에 상쇄되기 때문에 밤에 식물들이 내뿜는 이산화탄소가 문제가 되는 경우는 거의 없습니다. 만일 그렇다면 정글이나 숲속에서는 동물들이 밤에 이산화탄소로 떼죽음을 당하는 일이 발생할 수도 있겠지만, 그런 일은 일어나지 않으니까요.

이제 왜 CAM 식물인 다육이를 키우시는 분들이 식물도 잠자는 시간이 필요하다는 생각을 가지게 되었는지 이해가 될 겁니다. 그럼 희귀 열대 관엽이 속하는 C4 식물은 어떨까요? C4 식물들은 앞에서 말씀드렸듯이 광포화점이 높고, 높은 광량과 높은 온도에서 최고의 광합성 효율을 낼 수 있도록 진화한 식물입니다. 이 때문에 C3 식물보다 성장 속도도 빠르고 광합성 효율도 좋죠. 그래서 C3 식량 작물인 벼를 C4 식물로 개량하려는 연구도 진행하고 있을 정도로 C4 식물은 C3 식물에 비해 발전된 형태입니다. 이러한 C4 식물은 적은 양의 이산화탄소로도 충분한 광합성을 할 수 있을뿐더러, 건조한 날씨에도 강해 습도에 큰 영향을 받지 않습니다. 또한 질소를 효율적으로 활용하는 능력도 가장 뛰어납니다. 다만 치명적인 단점이 있다면 C4 식물은 C3 식물에 비해 추위에 약하다는 점이겠지요.

어떤가요? 우리가 알고 있는 일반적인 열대 식물의 특징과는 다른 점이 많죠? 몬스테라가 습도에 크게 영향을 받지 않는 이유도 이러한 광합성 방식과 연관성이 있으리라 생각합니다. 같은 맥락에서 몬스테라의 건강한 성장을 위해 가습기를 통해 높은 습도를 유지하거나, 혹은 분무기를 통해 매일같이 분무를 해 주는 분들은 한 번쯤 생각해 볼 대목이 아닐까 싶습니다. 이런 점은 몬스테라의 광포화점이 C4 식물의 특성상 일반적인 C3 식물보다 훨씬 높기 때문에 더욱더 많은 광량이 필요하다는 점과도 일치합니다.

이와 관련하여 호기심을 부를 만한 내용이 있습니다. 한 유튜버가 드라이아이스를 식물 주위에 놓고 여기서 발생하는 이산화탄소를 통해 식물의 광합성을 늘려 주고 있다는 영상을 올린 적이 있습니다. 이산화탄소의 양을 늘려 식물의 광합성을 돕고 성장을 빠르게 하는 방법이라는 것이죠. 저도 과거에 배스킨라빈스에서 포장과 함께 딸려 온 드라이아이스로 이산화탄소를 발생시켜 식물 사이에 두었던 적이 있습니다. 하지만 C4 식물의 경우에는 광합성을 할 이산화탄소를 많이 필요로 하지 않기 때문에 이러한 방법이 효과를 보기는 힘들 것으로 생각합니다.

지금까지 살펴본 이유로 C3, C4 식물의 광합성 작용 특성상 C4 식물인 몬스테라는 24시간 식물등을 켜두더라도 이론적으로는 문제가 발생하지 않습니다. 오히려 광합성량을 최대로 늘릴 수 있기 때문에 더욱 빠르게 성장할 수 있죠. 실제로 상추와 같은 쌈 채소의 경우 식물 공장에서 24시간 LED 등을 켜 광합성을 최대로 유도해 빠르게 성장시킨 후 출하하고 있습니다. 저도 몬스테라 알보와 무늬 아단소니에 식물등을 1년 가까이 24시간 비췄는데 특별한 문제없이 성장 속도가 빨라진 것을 관찰할 수 있었습니다.

다만 무늬가 없는 일반 몬스테라의 경우에는 24시간 빛을 비춰 주자 새로 자라는 잎의 잎맥이 두꺼워지고, 잎의 색상이 옅어지는 현상이 발생했습니다. 그렇다고 성장 속도가 둔화된 것은 아니었습니다. 즉 몬스테라 알보를 키울 때 24시간 식물등을 비춰 주는 것은 이론상으로도 그렇고 실제로도 성장 속도를 빠르게 해 준다는 점이 이 이야기의 결론입니다.

그 외에 빛과 식물등에 대한 이야기를 조금 더 해 보도록 하겠습니다. 우선 식물등을 처음 설치하려는 분들은 식물등을 과연 식물의 어느 위치에 놓고 비춰 주는 것이 좋은지 잘 모르는 경우가 있습니다. 기본적으로 식물은 잎에 있는 엽록소를 통해 광합성을 하기 때문에 식물의 성장을 유도하려면 잎에 집중적으로 빛을 비춰 주는 것이 좋습니다. 그 외에 새순이 나올 눈 자리 등도 빛을 비춰 주면 성장이 유도되나, 눈 자리는 광합성을 하는 것이 아니라 단순히 빛 자극을 받아 눈을 틔우는 것이기 때문에 굳이 많은 양의 빛을 비춰 줄 필요는 없습니다.

또한 식물의 잎은 기본적으로 빛이 있는 방향으로 향하는 굴광성이 있습니다. 많은 분들이 굴광성을 식물이 빛을 찾아 움직이는 현상으로 이해하기도 하지만, 사실 대부분의 식물은 운동 기관이 없기 때문에 움직일 수 없습니다. 물론 식충 식물과 같이 움직임을 가진 식물은 동물의 근육처럼 미세한 전류 자극에 의해 움직임을 가지기도 하지만요.

그렇다면 이러한 굴광성은 어떻게 일어나는 것일까요? 바로 식물이 성장한다는 것에 그 해답이 있습니다. 보통 식물은 빛을 받는 부분의 성장 속도보다 빛을 받지 않는 부분의 성장 속도가 빠릅니다. 그래서 빛을 받지 못하는 부분이 빛을 받는 부분보다 빠르게 성장하면서 빛이 있는 방향으로 점차 굽어 자라게 되는 것이죠. 몬스테라의 잎들도 이러한 원리에 따라 자신들의 잎 표면을 햇빛이 있는 방향으로 향하게끔 성장하는 것입니다.

간혹 식물의 성장 속도를 관찰하기 위해 실험을 하는 분들이 잘못 생각하는 것이 있는데, 바로 식물의 키가 빠른 속도로 크면 더 잘 자라고 있다고 착각하는 것입니다. 식물은 빛이 충분한 환경에서는 자신의 키를 키우기보다는 줄기의 두께와 잎의 크기를 키우는 데 집중합니다. 하지만 빛이 충분하지 않을 경우엔 빛을 찾아 키를 더 키우게 되지요. 이때 성장에 필요한 에너지가 부족해서 줄기는 좀 더 가늘게, 잎은 더 작게 성장하게 되죠.

　이러한 현상은 몬스테라에서도 찾아볼 수 있습니다. 식물등을 바짝 붙여 키운 몬스테라 알보나 무늬 아단소니는 잎과 잎 사이의 간격, 즉 마디가 짧아 커팅에 어려움을 겪기도 합니다. 또 반대로 빛이 충분하지 못하면 마디 사이가 길어지면서 웃자라기도 하죠. 그래서 광량이 부족한 곳에서 자란 몬스테라 델리시오사의 경우에는 마치 보르시지아나처럼 보이기도 합니다. 이러한 웃자람 현상은 디온 에둘레Dioon edule 소철에서도 자주 볼 수 있는데, 잎의 줄기가 햇빛 방향으로 과도하게 자라 1미터 이상 길어지기도 하죠. 한때 많은 가드너들이 이러한 현상을 보고 "에둘레잎이 가출했다."라고 우스갯소리를 하기도 했었습니다.

식물등의 거리는 30~50cm, 잎이 빛을 받을 수 있는 방향으로

햇빛이 부족하여 식물이 웃자랄 경우에는 식물등을 충분히 배치하여 주고, 식물이 빛의 방향에 따라 매번 잎의 방향을 바꾸지 않도록 일정하게 한 방향에서 빛을 비춰 주는 것이 유리합니다. 물론 식물의 수형을 잡거나, 성장 방향을 유도하기 위해 특정한 방향으로만 식물등을 비춰 주는 방법을 사용할 수도 있습니다만, 지나치게 여러 방향에서 빛을 비추거나, 빛의 방향을 자주 바꿀 경우, 기근의 발달을 저해할 수도 있기 때문에 주의해야 합니다. 기근은 기본적으로 빛이 없는 방향으로 자라는 성향이 있으니까요.

광량은 몬스테라 알보의 무늬 발현과도 관계가 있습니다. 보통 몬스테라 알보를 포함한 무늬종 몬스테라들은 광량이 부족한 경우 광합성량을 충분히 확보하기 위해 무늬를 줄이고, 녹색 지분을 늘리는 방향으로 성장합니다. 따라서 광량이 충분한 곳에서 자란 무늬종 몬스테라들은 그렇지 못한 곳에서 자란 무늬종 몬스테라들에 비해 무늬 비율이 좀 더 많고 웃자람도 덜하게 되죠. 간혹 무늬종 관엽 식물들의 특정 부위에 많은 광량을 조사하여 무늬를 유도하는 방법을 이야기하는 사람들도 있습니다. 하지만 이러한 방법이 실제 효과가 있는지는 현재까지 명확히 밝혀진 바가 없고, 또 어떤 악영향이 있을지 알 수 없기 때문에 무턱대고 따라 하는 것은 권장하지 않습니다.

비료

광량과 더불어서 비료 역시 무늬에 영향을 주는 요소 중 하나입니다. 과거 옐로우 몬스테라를 키우던 초창기에 잎을 10장 정도까지 키운 적이 있습니다. 그때 그 몬스테라의 본줄기 아래쪽 눈이 틔어서 자구처럼 새순이 2개가 올라온 적이 있었습니다. 처음엔 무늬도 선명하고, 좋은 개체로 자랄 수 있을 것 같아서 잎이 2~3장쯤 나왔을 때 커팅을 해서 따로 식재를 했었죠.

↑ 과거에 키웠던 옐로우 몬스테라(좌)
← 옐로우 몬스테라에 올라온 새순

당시 저는 이제 막 식재한 어린 개체들을 좀 더 빨리 잘 키우고 싶은 욕심에 액비(액체 비료)를 수시로 꽂아 주곤 했습니다. 그런데 그 후로 새로 나온 잎들에서는 무늬가 완전히 사라졌어요. 정말 거짓말처럼 약간의 무늬도 없는 무지 개체가 되어 버렸습니다. 그때 이후로 비료와 무늬 사이에 상관관계가 있음을 깨닫고, 비료를 주는 정도에 따라 무늬가 어떻게 발전하는지 관찰하게 되었습니다.

몬스테라 알보와 같이 무늬가 고정되어 있지 않은 돌연변이 무늬종 몬스테라들은 비료를 주면 기존에 녹색 지분이 있는 곳에서부터 녹색 지분이 점차 늘어나는데, 이렇게 될 경우 산반 무늬가 반반 무늬로 바뀌는 것처럼 녹색 지분이 점점 뭉치면서 늘어나게 됩니다. 그리고 이러한 영향은 성체보다는 아직 개체가 어릴수록 그리고 새순이 올라오는 개체일수록 영향을 잘 받으며, 몬스테라 품종 내에서는 비교적 작은 사이즈의 무늬종인 무늬 아단소니가 영향을 많이 받는다는 사실도 알게 되었습니다.

무늬 아단소니, 즉 몬스테라 아단소니 바리에가타 Monstera adansonii variegata 가 처음 국내에 수입되었을 무렵, 무늬 아단소니는 번식이 쉬운 개체임에도 무척이나 고가에 거래가 되고, 또 이러한 가격이 1년 가까이 유지가 되었는데, 그 이유 중 하나가 무늬 아단소니를 처음 수입한 화원에서 번식을 시켰으나 고스트나 무지가 너무 많이 나와서 성공한 사례가 적었기 때문이라는 이야기를 들었습니다. 그래서 B급 무늬 아단소니라고 불리는, 무늬가 거의 사라진 개체들이 상당수 유통되기도 했고요.

당시 저는 이런 무늬 아단소니의 무늬 실종이 비료와 관련이 있다는 생각을 했었습니다. 보통 농원들의 경우 비료를 주는 것이 일상화되어 있어서, 식물에 물을 줄 때 비료를 섞거나, 혹은 습관적으로 모든 식물에 알비료 등을 섞어 식재하는 경우가 많은데 비료 성분 과잉이 무늬 아단소니의 무늬를 사라지게 한 것이 아닌가 추측했던 것이죠.

    이후 저는 무늬 아단소니를 키우면서 무늬 아단소니의 무늬와 비료와의 관계를 실험을 통해 조금씩 계량화할 수 있었고, 실제로 농원이 아닌 일반 가정집에서 번식시킨 많은 수의 무늬 아단소니는 무늬가 안정적으로 유지되어 금세 대량으로 번식하는 상황도 보게 되었습니다. 결국 무늬 아단소니의 가격 하락은 농원에서 생산한 물량이 아닌 일반 가정에서 생산한 물량에 의해 이루어졌죠. 물론 무늬 아단소니의 가격 하락에는 공급량뿐 아니라 무늬 아단소니의 커팅 난이도가 한몫을 하기도 했습니다만, 이 이야기는 뒤에 커팅 및 번식에 관한 부분에서 다시 자세히 설명하도록 하고, 우선 비료와 무늬종의 무늬 발현 상관관계에 대해 말씀드리겠습니다.

무늬 아단소니

비료와 무늬 발현 상관관계를 관찰하면서 제가 내린 결론은 이렇습니다. 첫째, 비료의 질소 성분은 무늬종의 녹색 부분, 즉 엽록소 생성을 촉진시켜 새잎에서 무늬 비중을 줄어들게 합니다. 둘째, 이렇게 무늬가 줄고, 녹색 지분이 늘어나는 현상은 고스트 잎이나 줄기에서는 일어나지 않으며, 조금이라도 녹색 지분이 있는 경우에만 일어납니다. 셋째, 성체일 때보다 어린 개체일 때 식물에서 제일 윗부분에 위치한 눈인 정아(定芽)의 생장점보다는 줄기 축의 측면에 발생하는 눈인 측아(側芽)의 생장점에서, 그리고 대형 품종보다는 소형 품종에서 더 잘 일어납니다. 특히 몬스테라와 같은 C4 식물 계열은 질소의 영향을 더욱 잘 받기 때문에 특히 주의할 필요가 있습니다.

간혹 열대 관엽 식물의 무늬종과 비료의 상관관계를 이야기할 때, 춘란이나 다육이의 무늬종 전문가들이 비료와 무늬는 상관관계가 없다고 주장하는 경우를 봅니다. 그렇게 말하는 근거는 C3 식물인 춘란과 CAM 식물인 다육이가 질소의 영향을 적게 받기 때문입니다. 하지만 이들 식물을 C4 계열인 열대 관엽 무늬종과 단순 비교 해 결론을 내리는 것은 성급합니다. 좀 더 확실하게 상관관계를 검증할 필요가 있습니다. 저는 무늬종 몬스테라의 무늬가 비료의 영향을 받지 않는다는 주장은 C3, CAM 식물 재배 경험과 C4 식물 재배 경험의 차이, 즉 품종의 차이를 제대로 알지 못한 데서 일어난 오해라고 보고 있습니다.

실제로 저 역시 과거에는 비료와 무늬종 관엽 식물 사이의 상관관계를 믿지 않았으며, 비료를 많이 줘서 빨리 키우고자 하는 쪽이었습니다. 그러나 점차 경험을 쌓으면서 비료와 무늬 사이의 상관관계에 대해 관심을 가지게 되었고, 또 실제 몬스테라 알보를 국내에서 가장 많이, 그리고 가장 오래 키운 농원 사장님으로부터 "고스트 잎이 많은 몬스테라 알보를 노지에 심었더니, 점차 녹색 비중이 늘어났다."는 이야기를 듣고, 식물에 작용하는 어떠한 영양분이 무늬에 관여한다는 생각을 하게 되었습니다. 그리고 생물 교과서에서 C4 식물이 질소 성분에 영향을 많이 받는다는 내용을 보고 비료와 무늬와의 상관관계에 대해 확신하게 되었습니다.

물론 비료가 식물의 무늬에 즉각적으로 영향을 주는 것은 아닙니다. 장시간에 걸쳐 서서히 무늬에 영향을 준다고 보는 게 맞습니다. 실제로 몬스테라 알보에 비료를 주는 경우, 이 비료가 흡수되어서 새로 생성되는 잎의 무늬에 영향을 주기까지는 2~3개월 이상이 걸립니다. 몬스테라의 가장 꼭대기 잎의 잎자루 속에는 이후에 나올 잎이 미리 생성되어 있기 때문에 이때는 영향을 끼치지 못합니다. 새로 갓 나온 잎의 잎자루 속에서 새잎이 생성될 때에야 비료가 무늬에 영향을 줄 수 있습니다.

여기서 이런 의문이 들 수 있습니다. "그렇다면 비료를 아예 주지 않는 것이 좋지 않을까?" 아쉽지만 그렇지는 않습니다. 아무리 무늬종 식물이라 하더라도 비료 성분이 필요합니다. 저는 식물에 비료를 줄 때 무늬가 발전하는 방향을 살피고, 좌측 잎과 우측 잎, 그리고 줄기 모두에서 어느 정도 무늬가 생기면 비료를 줍니다. 식물의 비료는 질소와 인, 칼륨이 가장 대표적이며,

주로 쓰는 액비. 다이소나 코스트코 등에서 1,000원에 구매할 수 있다.

이 세 가지 성분은 거의 모든 비료의 주요 성분을 구성합니다. 이 중 질소 성분이 식물의 엽록소 생성에 가장 크게 관여하며, 줄기와 잎의 성장에도 영향을 끼칩니다. 따라서 저는 비료를 줄 때에는 비료 성분이 비교적 적고 단기간에만 영향을 주는 액비를 많이 사용하는데, 특정 액비를 사용하지는 않고 코스트코나 다이소 등에서 파는 저렴한 제품을 씁니다. 또 직접 비료를 주기보다는 분갈이하거나 흙갈이할 때 비료 성분이 많은 배양토를 사용하여 간접적으로 필요한 영양분을 보충해 주고 있습니다.

사실 크기가 큰 대품 알보들을 보면, 상단으로 갈수록 잎이 고스트가 되거나 반반 잎으로 바뀌는 경우가 많은데, 이런 현상이 생기는 이유는 다음과 같습니다.

① 흙에 질소 함량이 부족하고 광량이 많을수록 몬스테라 알보의 잎에 흰색 지분이 늘어날 확률이 높아진다.
② 이렇게 흰색 지분이 늘어난 잎에 다시 질소 성분이 섞인 비료를 써서 녹색 지분을 늘리면, 기존의 녹색 지분에 근접한 부분부터 녹색이 늘어난다.
③ 녹색 지분이 점차 뭉치면서 커지면 반반 잎 비슷하게 바뀌게 된다.

따라서 좋은 산반 무늬를 얻기 위해서는 너무 많은 비료를 시비(施肥)하는 것은 자제하고, 주기적으로 몬스테라 알보를 커팅해 새순에서 새로 산반이 나오도록 유도하는 것이 좋습니다.

또한 흙에 갓 식재하여 순화가 덜 된 몬스테라의 경우, 빨리 키우려는 욕심 때문에 비료를 주면 뿌리가 녹을 수 있기 때문에 순화 이후 최소한 새잎이 1장 이상 나온 뒤에 비료를 주는 것을 권장합니다. 또 앞에서 말씀드린 것처럼 무늬종 몬스테라의 경우, 새순이 나올 때 비료의 질소 성분에 대한 민감도가 높기 때문에 무늬가 날아갈 확률을 줄이기 위해서라도 새순이 나오는 시기에 비료를 주는 것은 바람직하지 않습니다.

이렇게 새순이 나오기 시작할 때는 비료를 주지 않는다. 새잎으로 성장하기 전에 비료를 주면 무늬가 사라질 위험이 있다.

분갈이

식물은 보통 지상부(지표면 위에 있는 식물체의 부분으로, 잎과 줄기 등을 가리킴)와 지하부(땅속에 묻혀 있는 식물체의 부분으로, 뿌리 등을 가리킴)가 균형을 이루어야 건강하게 성장할 수 있습니다. 따라서 보통 잎 사이즈에 비해 뿌리 발달이 부족한 삽수를 순화할 경우, 뿌리가 충분히 성장할 때까지 지상부의 성장이 더뎌지는 경향이 있으며, 지상부에 비해 작은 화분을 사용할 경우, 지하부의 뿌리 발달이 저해되어 지상부의 성장 역시 더뎌지기도 합니다.

또한 몬스테라의 경우 지상부의 발달만큼이나 뿌리도 빨리 발달하기 때문에 제때 더 큰 화분으로 분갈이를 해 주지 않으면 화분 안이 뿌리로 가득 차는 경우도 발생하죠. 그래서 몬스테라를 키울 때는 1년에 한 번 정도, 기존 화분보다 1.5배 큰 사이즈의 화분으로 분갈이를 해 주는 것이 좋습니다. 물론 더 큰 화분으로 분갈이를 해 주기 힘들다면, 화분에서 식물을 꺼낸 후 흙만 갈아 주는 흙갈이를 해서 토양에 새로운 양분을 공급해 주는 것도 좋습니다. 흙갈이 시 화분 내에 뿌리가 과도하게 차 있는 경우, 하얀색으로 살아 있는 뿌리를 제외한 검게 썩은 뿌리들은 잘라 주는 것이 좋습니다. 만일 뿌리 전체가 건강하다면 좀 더 큰 화분으로 분갈이를 해 주는 것을 권장합니다.

하지만 너무 자주 분갈이를 하는 것은, 식물이 적응하는 것을 힘들게 만들 수 있기 때문에 분갈이를 한 뒤에는 최소 3개월 정도 지켜보고 나서 다시 분갈이나 흙갈이를 하는 것이 좋습니다. 또한 분갈이 이후에는 식물이 새순과 새잎을 잘 내고 있는지 확인하는 것도 중요합니다. 만일 분갈이한 흙에 제대로 적응하지 못해 잔뿌리가 흙에 흡착되지 않으면 식물이 마르거나 시들해질 수 있습니다.

몬스테라를 분갈이할 때에는 화분 바닥에 난석이나 자갈, 마사토 등을 깔아 배수층을 만드는 것은 피하는 것이 좋습니다. 몬스테라는 1년 정도면 화분 안을 가득 채울 만큼 뿌리 성장이 빠르고, 그 과정에서 배수층 틈 사이로 뿌리가 뻗어 배수 구멍으로 뿌리가 빠져나오게 되는 경우도 많습니다. 따라서 별도의 배수층을 만들기보다는 배양토를 바닥까지 채워서 몬스테라가 충분히 뿌리를 깊숙이 뻗고, 양분 또한 충분히 받을 수 있게 하는 것이 좋습니다. 그래야 지상부도 더욱 크고 튼튼하게 자랄 수 있습니다. 보통 몬스테라의 경우 지상부와 지하부 크기가 비슷하기 때문에, 지상부가 화분보다 클 경우 이미 화분 안은 뿌리로 반 이상 차 있다고 보면 됩니다.

또 분갈이나 흙갈이 후에는 반드시 물을 충분히 줘서, 잔뿌리들이 흙에 잘 흡착될 수 있도록 유도하는 것이 좋습니다. 단순히 뿌리를 흙에 묻어 준 것만으로는 식물이 제대로 자리를 잡을 수 없기 때문에 분갈이 후에는 화분 흙 위로 골고루 물을 뿌려 화분 내의 흙이 전체적으로 충분히 젖을 수 있도록 만드는 것이 중요합니다.

또한 분갈이 후에 흙 표면을 작은 자갈이나 마사토, 모래, 난석 등으로 덮어 주는 멀칭mulching을 하기도 하는데, 자주 분갈이를 해야 하는 몬스테라의 경우 매번 멀칭된 자갈 등을 걷어 내야 하는 번거로움이 생깁니다. 따라서 이런 방식보다는 코스트코 등에서 아이리스 입상배양토를 구입해 화분 흙 표면에 멀칭을 하는 것이 간편합니다. 입상배양토의 경우 알갱이가 크기 때문에 물을 주더라도 흙 표면이 파이는 것을 방지할 수 있으며, 비료 성분이 많은 편이라 물을 줄 때마다 멀칭되어 있는 배양토에서 하단의 흙으로 비료 성분이 녹아들기도 합니다. 또한 짙은 회색 알갱이여서 멀칭 시 일반 흙보다 깔끔한 느낌을 주는 부가 효과도 있습니다.

뿌리가 화분 대부분을 차지하면 분갈이를 해 주는 것이 좋다.

흙

그럼 이제 제가 주로 어떤 흙을 사용해 식물을 키우는지 이야기해 보도록 하겠습니다. 사실 많은 분들이 몬스테라 알보를 처음 키울 때 화분의 흙 배합에 대해 궁금해합니다. 그런데 저는 특별한 흙 배합을 사용하지는 않습니다. 몬스테라는 흙의 종류나 생장 환경에 크게 민감한 식물이 아니기 때문에 영양분이 적당하고 토질에 특별한 문제가 없다면 어떤 흙에서든지 잘 자랍니다. 또한 과습이나 냉해가 아니면 특별히 병에 걸리거나 병충해에 시달리는 경우도 드물어서 종류별로 흙을 구매해 배합하기보다는 시중에서 판매 중인 배양토를 쓰는 것도 괜찮습니다. 제가 가장 자주 사용하는 것은 입상배양토인데, 앞에서 말씀드린 것처럼 알갱이가 커서 물을 줄 때 흙이 잘 파이지 않을뿐더러 비료 성분이 많아 식물도 잘 자라기 때문에 항상 몇 포대씩 구매해 놓고 사용하고 있습니다.

하지만 모든 화분에 입상배양토를 사용하지는 않습니다. 물꽂이를 했다가 흙으로 옮기는 삽수나, 바로 흙에 식재하는 삽수, 혹은 모종 포트에서 씨

코코피트 블록을 물에 녹인 흙을 사용해 일반 몬스테라 씨앗을 발아시키고 있다.

앗을 발아시키는 경우에는 비료 성분이 없는 무비상토를 사용하는데, 이러한 무비상토는 코코넛 껍질을 갈아 만든 코코피트와 유기물의 일종인 피트모스 그리고 배수를 좋게 만드는 인공토인 펄라이트를 6대 3대 1 정도의 비율로 섞어 만드는 것이 일반적입니다. 몬스테라 씨앗을 발아시키는 경우에는 코코피트 블록을 구매해 물에 녹여 특별한 배합 없이 사용하기도 하고요.

많은 분들이 몬스테라 알보를 키울 때 흙 배합에 신경을 쓰는 이유는 과습위험 때문입니다. 이를 피하기 위해 물 주는 주기는 물론 화분 종류에도 신

왼쪽 : 아이리스 입상배양토 - 5L, 약 7,000원
오른쪽 : 코코피트 - 3L, 약 1,800원

왼쪽 : 피트모스 - 3L, 약 2,600원
오른쪽 : 펄라이트 - 2L, 약 1,800원

＊사진 출처 : 판매 사이트 '어플라워 가드닝'

경을 쓰게 되죠. 물론 광량이 충분할 경우 대부분 식물은 과습에 쉽게 걸리지 않습니다. 그러나 장마철처럼 햇빛이 잘 안 드는 시기나, 습도가 너무 높은 경우, 그리고 물을 너무 자주 주거나, 실내 광량이 충분하지 않은 경우 등에는 아무리 몬스테라라 하더라도 과습에 걸리는 경우가 생깁니다.

그럼 어떻게 하면 과습을 막을 수 있을까요? 답은 사실 간단한 곳에 있습니다. 바로 광량입니다. 과습이 예상되는 상황이라면 식물등을 설치하거나 햇빛을 비춰 주는 시간을 늘리면 됩니다. 똑같은 환경에서라도 광량과 빛을 비춰 주는 시간에 따라 식물 잎이 녹는 정도는 크게 차이가 나니까요.

하지만 많은 사람들이 이러한 사실을 모르고 흙과 화분의 배수성에만 신경을 많이 씁니다. 그래서 토분이나 슬릿분, 통기가 잘되는 기능성 화분 등을 이용하기도 하는데, 단순히 배수가 잘되는 흙이나 화분을 선택하는 경우, 애써 준 비료가 전부 물과 함께 씻겨 내려가 비료를 주는 효과가 떨어질 뿐 아니라 주는 횟수 또한 늘어나는 번거로움이 생깁니다. 각각의 흙과 화분은 장단점이 있다는 것을 알아야 합니다. 배수가 잘되는 화분이 무조건 좋은 것도 아니고, 흙 역시 특정 배합이 최선인 것도 아닙니다. 비료 역시 마찬가지이고요. 즉 재배 환경에 맞춰 하나하나 알아 가는 것이 중요합니다.

저는 초보자분들의 질문을 받으면 항상 다음처럼 말씀을 드립니다.

"화분은 본인 마음에 드는 예쁘고 편리한 화분을 사용하십시오."

"흙은 시중에서 판매하는 배양토면 충분합니다."

"몬스테라는 화분이나 흙에 크게 구애받지 않습니다."

단 처음 삽수를 식재할 때는 비료기가 없는 흙, 즉 무비상토를 사용하는 것이 알맞습니다. 삽수가 충분히 순화되어 분갈이를 하게 되면 그때 비료 성분이 있는 배양토를 쓰면 됩니다. 만약 비료 성분이 없는 흙에 식재하여 몬스테라 알보 생장이 둔화되는 것 같으면 그때는 화분에 크기에 맞춰 액비를 주면 좋습니다. 작은 화분이라면 하나 정도로도 충분하고, 30cm 이상의 구경을 가진 큰 화분이라면 액비를 2개 정도 주면 됩니다. 비료의 효과는 한 달 후쯤부터 나타나기 때문에 조급해하지 말고, 비료를 준 이후에는 식물의 성장 상태와 무늬 발달 추이를 확인하는 습관을 들여야 합니다.

무늬종이 아닌 식물들은 비료를 자주 주면서 키우는 것이 좋지만, 무늬종 식물은 비료량이 과다하면 오히려 식물에게 독이 될뿐더러 무늬 발현을 저해하는 문제를 발생시킬 수 있습니다. 따라서 몬스테라가 한 달에 1장씩 잎을 잘 내고 있고, 잎의 크기가 그 이전 잎에 비해 1.5배 정도 커지고 있다면 충분히 잘 성장하고 있는 것으로 판단할 수 있으므로 따로 비료를 줄 필요는 없습니다. 다만 1년에 한 번 정도는 비료 시비, 분갈이, 흙갈이를 할 것을 권합니다. 그리고 광량을 충분하게 확보한 상태에서 키우는 것이 좋습니다. 재배 환경에서 광량이 부족하다면 식물등을 적극 활용하십시오.

물 주기

식물을 막 키우기 시작한 초보자들은 식물에 물을 주는 것을 식물 키우기의 기본이라고 생각하는 경우가 많습니다. 하지만 앞에서도 말씀드렸듯이 식물은 물만 먹고 자라지 않습니다. 사람이 물만 먹고 생존할 수 없듯이 말입니다. 그렇다 하더라도 어떤 생명체든 생존하기 위해서는 물이 필수입니다.

또 물을 얼마나 자주, 그리고 물을 줄 때 얼마만큼 주어야 하는지도 많은 분들이 궁금해하는 사항입니다. 식물을 키워 보신 분들은 식물을 과습으로 죽인 경험을 한 번쯤은 가지고 있을 겁니다. 화원이나 농원 등에서 식물을 사 올 경우, 물 주는 방법을 물어보면 1주일에 1번, 혹은 2주일에 1번 주라는 이야기를 하곤 합니다. 하지만 이러한 이야기는 대략적인 틀에서 기초적인 가이드라인을 제시한 것이지 이 주기가 모든 상황에 다 들어맞는 것은 아닙니다. 식물 각각의 개체 특성에 따라 그리고 환경 상황에 따라 물을 주는 방식을 달리해야 합니다.

물 주기에서 가장 중요하게 고려해야 할 부분은 계속 강조했듯 광량입니다. 광량이 충분할 경우, 물을 자주 주거나 많이 주더라도 과습에 걸릴 가능성이 줄어들며 잎을 통해 충분히 수분을 증산시킬 수 있죠. 더불어 몬스테라와 같은 열대 관엽 식물들은 과도한 수분이 잎으로 공급될 경우, 체내의 수분을 잎 표면으로 배출하는 일액 현상이 생길 수도 있습니다. 사실 일액 현상은 몬스테라가 스스로를 과습으로부터 보호하는 최후의 수단과도 같지만, 잎끝이 녹는 원인이 되기도 합니다.

비교적 키우기 쉽다고 하는 몬스테라의 경우에도 광량이 충분하지 못하거나 너무 많은 물을 주게 되면, 흙 속에 공기가 통하지 않게 되고, 이에 따라 혐기성 세균들이 증식하여 뿌리를 썩게 만듭니다. 뿌리가 썩으면 당연히 식물 체내에 수분이 공급되지 못하니 식물의 잎과 줄기가 시드는 현상이 일어납니다. 과습에 대해 잘 알지 못하면 이 시듦 현상을 보고 물이 부족하다고 생각해 이미 과습인 식물에 물을 더 주어 상태를 악화시키기도 하죠. 물론 반대 상황도 있습니다. 과습이 걱정되어 너무 물을 적게 주게 되면 식물 자체가 시들어 버리는 것이지요. 하지만 너무 걱정할 필요는 없습니다. 어느 정도 시든 식물이라도 물을 주기만 하면 반나절 만에 다시 원래 상태로 돌아오는 경우가 많습니다.

과습에 걸렸는지 알고 싶다면 식물을 화분에서 꺼내 뿌리를 살펴보면 됩니다. 뿌리 끝에 난 잔뿌리들이 하얀색이라면, 그 식물은 지속적으로 뿌리가 생장하고 있는 것이며, 제대로 수분을 흡수하고 있는 것이 맞습니다. 그러나 만일 뿌리가 검은색이거나, 뿌리를 만졌을 때 딴딴한 느낌이 들지 않고 물컹물컹하거나, 속이 비어 있는 느낌이 드는 경우에는 이미 썩은 뿌리입니다. 이러한 뿌리들은 죽은 상태이기 때문에 생장에 도움이 되지 못하므로 잘라 내는 것이 좋습니다. 과습에 대처하는 방법은 174쪽에서 좀 더 자세히 다루도록 하겠습니다.

다시 물 주기 방법으로 돌아와 이야기를 해 보겠습니다. 물 주기는 식물 개체나 환경에 따라 모두 다릅니다. 따라서 주변 환경과 식물 상태에 맞춰 물을 주는 것이 좋습니다. 광량이 충분한 경우에는 물을 좀 더 자주 줘도 됩니다. 화분 크기가 어떠하든, 직광 혹은 유리창 1장을 통과한 햇빛이 하루에 6시간 이상씩 비치는 환경이면 1주일에 1번 충분히 물을 줘도 무방합니다. 다만 같은 환경이라도 습도가 높거나, 햇빛이 잘 나지 않는 장마철, 비나 눈이 많이 오는 시기에는 물의 양을 2분의 1 정도 줄여야 합니다. 겨울철에 난방이 되는 실내 안쪽으로 식물을 옮겼을 때도 광량을 확보하기 힘들기 때문에 물의 양을 줄이는 것이 바람직합니다. 설령 해가 드는 곳에 놓았더라도 유리창을 여러 겹 통과하는 환경이라면 역시 물의 양을 줄이는 것이 좋습니다.

하지만 광량이 충분할 경우에는 습도가 낮아질 수 있기 때문에 물을 좀 더 줘야 합니다. 또 온도가 따뜻하고 일정하게 유지되는 경우에는 광합성량이 많아지기 때문에 물을 많이 줘도 되지만, 짧은 시간 안에 온도 차가 큰 경우에는 광합성이 방해를 받기 때문에 물을 많이 주면 안 됩니다. 화분이 크거나 배수가 잘 안 되고 통기성이 좋지 않을 경우엔 물을 주는 주기를 길게 잡아야 하고, 반대로 화분이 작거나 배수가 잘되고 통기성이 좋은 경우엔 물을 더 자주 주어도 됩니다.

그리고 식물의 지상부와 지하부의 비율도 물을 줄 때 고려해야 할 사항입니다. 기본적으로 식물의 뿌리는 삼투 현상에 의해 특별한 에너지 없이도 지속적으로 수분을 뿌리에서 잎으로 보내게 되는데 이 현상은 밤이건 낮이건 상관없이 지속됩니다. 따라서 지하부, 즉 뿌리의 비중이 큰 식물의 경우 다른 식물에 비해 좀 더 많은 수분이 잎으로 올라갑니다. 하지만 잎의 수가 충분하지 않은 경우 증산 작용이 이루어지지 않으므로 뿌리도 제대로 물을 흡수하지 못하게 됩니다. 그러면 화분 내 수분량이 필요 이상 많아지면서 뿌리가 썩게 됩니다.

따라서 번식을 위해 커팅을 했거나, 뿌리의 발달한 정도에 비해 잎 숫자가 적은 개체의 경우에는 좀 더 쉽게 과습이 되므로 물을 적게 줘야 합니다. 반대로 화분이 작은 데 비해 지상부, 즉 줄기나 잎이 더 크게 자란 경우에는 물을 좀 더 자주 줘야 할 필요가 있습니다. 그리고 발아를 앞둔 씨앗이나, 순화 과정에 있는 삽수 역시 마찬가지입니다. 물론 삽수인 경우라고 해도 증산시킬 수 있는 잎 개수가 많지 않거나, 없는 경우에는 물을 적게 주어야 합니다.

그 외 재배 환경 문제들

이제 또 다른 재배 환경에 대해 이야기해 보려고 합니다. 우선 몬스테라를 키우기에 최적 온도는 20~25℃ 정도입니다. 15℃ 아래로 내려가면 성장이 멈추며, 10℃ 아래에서는 냉해를 입을 수 있습니다. 또한 30℃ 이상의 고온인 경우에도 식물이 힘들어할 수 있습니다. 통풍이나 습도는 몬스테라의 성장에 크게 영향을 주지는 않습니다만, 냉해를 입어 성장이 멈췄거나, 새순이 나오기 힘든 와이 삽수, 순화 시에는 새순을 잘 틔우기 위해 50% 이상의 습도와 20~25℃의 온도를 유지하는 것이 중요합니다.

몬스테라를 키울 때 가장 좋은 방법은 몬스테라가 바닥을 기도록 하는 것입니다. 델리시오사종은 줄기가 옆으로 자라면서 줄기 하단에서 자란 기

공간이 부족하면 본줄기에 지지대를 세워 키우기도 한다.

근들이 땅으로 들어가는데 이렇게 기근이 자리를 잡으면 별도의 물꽂이나 순화 과정을 거치지 않아도 됩니다. 자리 잡은 뿌리와 잎을 기준으로 커팅을 해서 별도의 식물 개체를 손쉽게 만들 수 있습니다. 하지만 몬스테라가 크게 성장해서 공간이 부족할 때는 본줄기에 지지대를 설치하기도 합니다.

보르시지아나종은 굴광성이 강해서 줄기가 위로 향합니다. 이럴 때에는 원예용 철사를 이용해 줄기를 바닥에 묶어 고정해 주면 바닥을 기면서 자라도록 유도할 수 있습니다.

이렇게 하려면 많은 공간이 필요하므로, 공간이 넉넉하지 않다면 지지대나 수태봉 등을 이용해 몬스테라를 위로 크게 유도해도 괜찮습니다. 이렇게 하면 지지대가 몬스테라의 본줄기를 지탱하면서 기근들이 공중으로 나오거나 수태봉에 붙어서 자라게 유도할 수 있습니다.

수태봉은 커팅 시 붙어 자란 기근을 망에서 분리해 내는 것이 힘들기 때문에 저는 보통 수태봉보다는 코팅된 고추지지대를 많이 사용하는 편입니다. 고추지지대는 수태봉과 달리 기근이 직접 지지대를 붙잡지 못하므로 몬스테라 줄기를 지지대에 묶어 줘야 하는데, 이때 원예용 철사로 묶으면 줄기가 굵어졌을 때 철사가 줄기 표면으로 파고드는 경우가 생기기도 합니다. 원예용 철사 대신 고무줄을 이용하면 이런 문제를 방지할 수 있습니다. 다만 이렇게 자란 뿌리는 흙에 순화된 상태가 아니기 때문에 흙으로 식재 시 순화 기간을 거쳐야 한다는 단점이 있습니다.

자연스럽게 땅으로 들어가 자리를 잡은 기근들.
순화하기 좋지만 넓은 공간이 필요하다.

여기까지 몬스테라 알보를 잘 키우는 법에 대해 알아봤습니다. 이제 몬스테라 알보를 잘 키울 수 있겠다는 자신감이 좀 생겼을까요? 사실 몬스테라 알보는 그렇게 키우기 어려운 식물은 아닙니다. 초보자들이 정보를 제대로 알지 못한 채 몬스테라 알보 삽수를 들여 순화시키다가 죽이는 경우는 있지만, 제대로 된 몬스테라 알보를 구할 경우 어렵지 않게 1년 안에 대품으로 성장시킬 수 있습니다. 결국 몬스테라 알보를 잘 키울 수 있는 가장 중요한 전제는 좋은 알보를 구하는 것입니다. 그런 점에서 앞서 말씀드렸던, 좋은 알보를 구하는 법을 다시 한번 강조하겠습니다.

초보자라면 믿을 만한 사이트에서 녹색과 흰색이 조화된 산반 무늬 잎을 가진 탑 삽수를 구매하는 것이 좋습니다. 이때 완전히 순화된 개체인지 직접 눈으로 보고 사는 것을 권장합니다. 물론 건강한 개체를 가져왔다고 해서 몬

몬스테라 알보에서 새순이 올라오는 모습

스테라 알보가 100% 잘 자란다고 보장할 수 있는 것은 아닙니다. 좋은 몬스테라 알보라도 문제가 생기는 경우가 간혹 있습니다.

다음 장에서는 몬스테라 알보에 문제가 생겼을 때 어떻게 대처하면 좋을지 알아보도록 하겠습니다.

2
몬스테라 알보에 문제가 생겼을 때 대처하는 법

과습

보통 초보 식집사들은 식물이 물을 먹고 자란다고 생각해 애정과 관심을 물을 주는 횟수와 양으로 표현하는 경우가 있습니다. 그러다 보면 어느 순간 식물이 시들시들한 모습으로 변하고, 그럼 다시 '내가 물을 너무 적게 줘서 그런가?' 하는 생각에 더 많은 물을 주면서 결국 식물을 죽이게 되지요. 그렇게 식물을 죽이고 나서도 어느 정도 재배 공부를 한 다음에야 그 원인이 과습이었음을 깨닫게 됩니다.

몬스테라 알보뿐만 아니라 관엽 식물을 실내에서 키울 때, 우리가 자주 겪는 문제가 바로 이 과습입니다. 실내에서 키울 때는 일반적으로 광량이 부족한 경우가 많기 때문에 광합성을 통해 수분을 충분히 증산시키지 못하고, 그 결과 뿌리가 흙 속의 수분을 빨아들이지 못하게 되면서 문제가 발생하고 맙니다. 결국 화분 속 흙에 수분이 너무 많아 공기가 차단되면, 혐기성 세균이 흙 속에 증식하여 뿌리를 썩게 만드는데, 이 경우 지상부의 잎과 줄기는 뿌리로부터 새로운 수분을 공급받지 못해 마르게 됩니다. 많은 사람들이 과습이 생기는 원인을 단순히 물을 많이 주기 때문이라고 생각합니다만, 앞에서 살펴본 것처럼 여러 요인이 있습니다. 만약 많은 물이 문제라면 수경 재배를 하는 식물들은 모두 과습으로 죽게 될 것입니다.

몬스테라도 수경 재배가 가능한 식물인데, 수경 재배를 하면 오히려 과습 없이 손쉽게 키울 수 있습니다. 깨끗한 물 안에서는 혐기성 세균이 번식하기 힘들기 때문에 뿌리가 썩지 않고 안정적으로 수분을 흡수합니다. 다만 수경 재배 시에 적절한 양분을 공급받지 못하면 영양 부족으로 제대로 성장하기 힘들다는 단점이 있습니다. 이런 단점을 극복한 방법이 바로 요즘 많이 사용하는 양액 재배입니다. 양액 재배는 흙을 사용하지 않기 때문에 벌레가 생길 위험이 적고 또 항상 일정한 양의 영양분을 뿌리에 공급하므로 식물이 안정적으로 잘 자라는 편입니다.

이미 과습이 온 식물은 어떻게 해야 할까요? 일단 식물에 과습이 오면, 지하부의 뿌리가 다 썩어 검게 변하고 지상부의 잎은 수분이 없어 축 늘어진 상태가 됩니다. 특히 과습이 좀 더 심각하게 진행된 상태라면 잎이 갈색으로 마르면서 점차 괴사하게 됩니다. 만약 과습이 의심된다면 먼저 화분을 엎어 흙 안의 뿌리 상태를 확인해야 합니다. 정상적으로 수분을 흡수할 수 있는 잔뿌리는 하얀색을 띠는데, 만일 하얀색을 띤 뿌리가 전혀 보이지 않는다면 모든 뿌리가 썩어 버린 상태입니다. 하지만 일부라도 하얀색 뿌리가 눈에 띠고, 특히 끝 부분에 하얀 잔뿌리들이 보인다면 그 식물은 과습에서 벗어나 다시 생장을 하고 있는 상태이니, 기존의 흙을 다 버리고 비료기가 없는 흙에 다시 심는 것이 좋습니다.

다만 이미 심각하게 과습이 진행되어 하얀색 뿌리가 전혀 없다면 화분에서 식물을 완전히 들어내서, 뿌리의 흙을 전부 씻은 뒤, 물꽂이를 하는 것이 알맞습니다. 이때 썩은 뿌리들은 전부 잘라 내고, 새 뿌리가 나오도록 유도합니다. 줄기의 경우에도 이미 검게 썩어 들어간 부분은 하얀 부분이 완전히 나올 때까지 과감하게 잘라야 합니다. 썩은 부분을 그대로 두면 물 안에서 썩은 부분이 더욱 확장되어 온전하던 부위까지 함께 썩을 수 있기 때문이지요. 대부분 관엽 식물의 경우 물꽂이를 하면 성장은 조금 더디지만 웬만해서는 죽지 않기 때문에, 초보자의 경우 물꽂이를 적극적으로 활용하는 것이 좋습니다. 키우는 것에 조금 자신이 없는 식물이라면, 혹은 뭔가 건강해 보이지 않는 식물이라면 모두 물에 꽂아 주세요. 그럼 얼마간 시간이 흐른 뒤에 다시 건강하게 소생된 모습을 볼 수 있을 겁니다.

수경 재배 중인 몬스테라 알보

만약 과습이 오면 물꽂이를 한 뒤, 하얀색의 건강한 뿌리가 자라면 다시 흙에 식재한다.

이렇게 물꽂이로 소생시킨 식물은 뿌리가 충분히 자란 후에 다시 흙으로 옮겨 심으면 됩니다. 물론 물에서 계속 키울 수도 있겠지만, 이럴 경우 충분한 영양소를 받지 못해 식물의 성장이 둔화되며, 또한 식물의 사이즈가 커질 경우 몸체를 지탱하기 힘들어지기 때문에 흙으로 옮겨 심는 것이 좋습니다. 보통 물꽂이 이후 흙에 식재할 수 있는 상태의 뿌리가 나오기까지는 한 달가량이 걸리며, 흙에 식재할 때는 삽수와 마찬가지로 무비상토에 식재해야 뿌리가 녹는 것을 막을 수 있습니다. 흙에 식재한 이후 한두 달 정도는 비료를 주면 안 되고, 순화가 완전히 완료될 때까지 기다려야 합니다.

냉해 및 강한 햇빛

과습 외에 몬스테라가 겪을 수 있는 피해로 겨울철 냉해와 여름철 강렬한 태양빛에 의해 잎이 타는 현상을 들 수 있습니다. 몬스테라는 영하의 온도에서는 1분 정도만 노출되어도 냉해 피해를 입을 수 있습니다. 따라서 겨울철에는 가능한 외부 거래를 피하고, 어쩔 수 없이 이동을 해야 하는 경우에는 잠깐이라도 외부 공기에 노출되지 않도록 조심해야 합니다.

만일 차가운 공기에 노출되어 몬스테라가 냉해를 입었다면 어떤 증상이 나타날까요? 우선 몬스테라 알보를 포함한 몬스테라속의 식물들은 잎 표면에 자잘한 갈색 반점이 나타나게 됩니다. 더불어 한동안 식물의 성장

냉해를 입은 몬스테라잎

이 멈추는 경우도 있습니다. 이렇게 냉해를 입은 경우 한번 손상된 잎은 다시 정상으로 돌아오지 않으며, 최대한 적정 온도와 높은 습도를 유지해서 생장이 멈춘 몬스테라의 재생장을 다시 유도해야 합니다.

    반대로 여름철 뜨거운 햇빛 아래 몬스테라를 놔둘 경우, 직사광선에 적응하지 못한 몬스테라잎들이 까맣게 타 버리는 경우도 있습니다. 몬스테라속의 식물들은 광포화점이 높아서 광량이 많을수록 더욱 빨리 성장하는 장점이 있습니다만, 평상시에 받는 광량 정도에 잎이 적응하여 성장하기 때문에 평소 적은 광량에서 키운 잎들의 경우 갑자기 광량이 많아지면 타 버리기도 합니다. 이것은 앞에서 말한 잎이 갈색으로 녹는 것과는 달리, 정말로 잎이 타버리는 것인데요. 이런 문제는 시간이 지나 강한 빛에 적응하면 자연스럽게 해결할 수 있습니다. 다만 처음부터 이런 일이 발생하지 않게 하려면 광량을 서서히 늘려 주는 것이 좋고, 혹 이미 잎이 타 버렸을 경우 새로운 잎이 많은 광량에 적응하여 더욱 크고 튼튼하게 자라도록 유도하는 것이 좋습니다.

병충해

몬스테라는 그 자체가 독성이 강한 데다 워낙 생명력이 강하고 성장 속도 또한 빠른 식물이라 평소 병충해에 크게 시달리는 경우는 없습니다. 하지만 간혹 상태가 나쁜 몬스테라의 경우 응애나 총채벌레의 공격을 받기도 합니다. 응애는 거미강에 속하는 절지동물로 잎 표면에 얇은 거미줄 같은 막을 칩니다. 이 막은 보통 건조한 환경에서 잘 나타나는데, 몬스테라의 경우 아주 튼튼한 식물종이기 때문에 강한 물줄기로 씻어 내면 금방 없어집니다. 또한 총채벌레가 있으면 잎 표면에 얼룩덜룩한 반점이 곳곳에 생깁니다. 잎을 뒤집어 보면 그 아래 움직이는 작고 긴 벌레들을 발견할 수 있는데, 이 경우에도 시중에 나와 있는 해충 제거제 비오킬 등을 뿌려 주면 금방 퇴치할 수 있습니다.

응애, 거미강 진드기목에 속한 대부분의 응애류를 응애라고 한다.

몬스테라를 키울 때 가장 성가신 해충은 바로 뿌리파리입니다. 뿌리파리가 흙에 낳은 알이 유충이 되면 그 유충이 뿌리를 파먹고 자라게 되는데 성체 몬스테라의 경우에는 유충이 파먹는 속도보다 뿌리가 더 빨리 자라기 때문에 큰 영향을 받지는 않습니다. 하지만 씨앗을 발아시킨 유묘의 경우에는 피해를 입을 수 있으므로 주의해야 합니다. 뿌리파리는 식물보다는 사람에게 성가신 존재라고 할 수 있습니다. 특히 카페나 음식점 같은 곳은 영업에 지장을 받기 때문에 업주 입장에서 상당한 골칫거리입니다. 따라서 뿌리파리가 생기지 않도록 사전에 방지하는 것이 최선이고, 생겼을 때는 빠르게 조치해야 합니다.

뿌리파리의 생애 주기를 통해 시기별로 뿌리파리를 퇴치할 수 있는 유용한 방법들을 소개해 드립니다. 일단 성충 뿌리파리의 경우 화분 주변을 날아다니며 알을 낳을 곳을 찾는데, 이때 분사형 살충제인 에프킬라나 홈키파

등을 이용하면 효과적으로 잡을 수 있습니다. 단, 식물 자체에 직접 살충제를 뿌리는 것은 최대한 피해 뿌리파리가 있는 공중으로만 분사하는 것이 좋습니다. 페스트7 몰에서 판매하는 나비 모양 끈끈이 같은 트랩을 이용해 뿌리파리를 잡는 방법도 있는데, 끈끈이는 분사형과 달리 식물에 직접적인 영향을 주지 않습니다.

이 외에도 전기 포충기를 이용해 뿌리파리를 잡을 수 있습니다만, 뿌리파리는 야행성 곤충이 아니어서 빛에는 잘 반응하지 않기 때문에 다소 제한적이고 잡을 수 있는 양도 많지 않습니다. 그 대신 뿌리파리가 물을 좋아하는 습성을 이용해 입구가 좁은 유리병에 물을 담아 두는 방법을 쓸 수 있습니다. 유리병에 물을 담아 화분 주변에 두면 뿌리파리들이 물에 빠져 죽습니다. 이 외에 전기 파리채 등을 사용하는 방법 등이 있으나, 성충 뿌리파리를 제거하는 것은 눈에 보이는 효과만 있을 뿐 근본적인 해결책은 아닙니다. 완전 박멸을 위해서는 화분이나 흙 속에 있는 유충을 함께 퇴치하는 것이 중요합니다.

흙 속에 있는 뿌리파리 유충은 죽이기 쉽지 않기 때문에 흙 표면으로 유인해서 잡거나, 아니면 흙 속까지 침투할 수 있는 약을 쓰는 것이 보통입니다. 감자를 잘라 절단면을 흙을 향하게 화분 위에 두면 뿌리파리 유충들이 감자를 먹기 위해 흙 표면으로 몰려듭니다. 이렇게 몰려든 유충들을 살충제로 죽이거나 감자째 들어서 버리면 됩니다. 하지만 이 방법은 확실하게 유충을 박멸할 수 없으므로, 흙 속까지 침투할 수 있는 약을 쓰는 것이 효과적입니다. 무독성에 가까운 약부터 농약까지 독성 정도에 따라, 그리고 각 상황에 따라 다양한 단계의 약을 쓸 수 있습니다.

보통 가정집에서는 과산화수소를 뿌려 주거나 비오킬 같은 저독성 살충제를 다량으로 뿌려 흙 안으로 스며들게 하는 등의 방법을 사용하는데, 이것만으로는 부족할 때가 많습니다. 뿌리파리를 박멸하려면 어쩔 수 없이 농약을 쓰는 것이 가장 효과적이며, 또 거의 유일한 방법입니다. 참고로 농약은 온라인 구매가 불가능하므로 직접 농약사를 찾아가서 사야 합니다. 발생 초기라면 '빅카드' 같은 저독성 농약을 써도 되지만, 만약 뿌리파리가 대량으로 창궐하면 완전한 효과를 보기 힘듭니다. 이보다 독성이 높은 농약으로는 '보스'가 있습니다. 이 농약은 가루형인데 보통 1.5~2g 정도를 1.5~2L 물이 담긴 페트병에 넣어 희석해(약 1000배 희석) 물을 줄 시기에 화분에 주면 됩니다. 기타 자세한 사용법은 농약병에 상세히 적혀 있으므로 꼭 읽어 보기 바랍니다. 특히 사용한 스푼이나 용기 등은 사용 직후 모두 완벽하게 폐기해서 부주의로 인한 피해를 입지 않도록 조심해야 합니다.

농약을 사용하는 방법은 뿌리파리를 박멸하는 데에 가장 효과적이지만 독성이 높기 때문에 몇 번을 주의해도 모자라지 않습니다. 특히 아기나 반려동물이 있는 가정집의 경우는 사용하지 않는 것이 좋습니다. 농약이 사실

왼쪽 : 경농 보스 농약, 온라인 구매 불가
가운데 : 대유 총진싹 1.5kg, 약 11,000원
오른쪽 : 유니맥스 전기 포충기 약 20,000원

상 거의 유일한 박멸법이기는 합니다만, 앞에서 무독성 방법을 소개한 이유는 이 때문입니다.

뿌리파리의 생애 주기를 차단해서 뿌리파리를 없애는 방법도 있습니다. 우선 요즘 널리 알려진 '대유 총진싹'이라는 살충제가 있습니다. 이 제제는 곤충에게 유해한 곰팡이성 세균을 번식시켜 곤충을 잡는 방식입니다. 액체와 가루 두 종류가 시판 중인데, 곤충에 곰팡이균을 전염시켜 성충 및 유충까지 제거합니다. 다만 이 제제는 뿌리파리에는 크게 효과를 보지 못하는 경우가 많아 추천하지 않는 편입니다. 독성이 강한 농약을 쓰기 힘든 가정집에서 뿌리파리 개체 수를 적당히 조절하는 데 약간의 효과를 볼 수 있는 정도입니다. 이 외에 화분 표면에 가는 모래를 뿌려 유충이 성충이 되기 위해 흙 표면으로 올라오는 것을 저지하는 방법이나, 화분 표면에 건조한 왕겨나 지푸라기 등을 뿌려 뿌리파리가 산란하기 불리한 환경을 만드는 방법도 있습니다.

하지만 이런 방법들로는 뿌리파리를 박멸하기 힘듭니다. 가장 좋은 방법은 뭐니 뭐니 해도 농약을 사용하는 것이지만 여러 사정상 농약을 사용하기 여의치 않은 경우 차선책으로 활용하기 바랍니다.

뿌리파리는 알에서 깨어나 성충이 된 개체가 알을 낳기까지 주기가 2주 정도로 짧기 때문에 번식 속도가 무척 빠릅니다. 또한 흙 속에 알이나 유충 상태로 있는 경우, 농약 외에는 퇴치할 방법이 사실상 없어서 모든 화분에 동시에 약을 쓰거나, 트랩을 설치하는 등 다양한 방법을 한꺼번에 사용하지 않는 한 재발할 확률이 매우 높습니다. 또한 겨우 뿌리파리를 박멸하더라도, 다른 곳에서 흙이나 화분을 들여올 때 다시 유입돼 번식하는 경우도 많습니다. 하지만 말씀드렸다시피 뿌리파리가 성가시긴 해도 몬스테라 알보를 죽이거나 하지는 못하는 만큼 너무 걱정하지 않아도 괜찮습니다. 저도 박멸보다는 개체 수 조절에 초점을 두고 관리하고 있습니다.

곰팡이, 버섯, 잡초 등

간혹 화분의 흙 표면에 하얗게 곰팡이가 피거나 버섯 등이 자라는 경우가 있습니다. 사실 코코피트를 기반으로 만든 상토나 배양토 등은 습도가 높을 경우 곰팡이가 자라기 쉬운 환경입니다. 또 간혹 버섯 포자가 날아와 자라거나, 잡초 씨앗이 자라는 경우도 있죠. 하지만 이러한 곰팡이나 버섯, 잡초 등이 몬스테라의 생장을 크게 저해하거나 방해하지는 않습니다. 다만 미관상 보기 좋지 않기도 하고 버섯의 경우 독성이 있어 위험할 수 있으므로 그때그때 제거해 준다고 생각하면 될 듯싶습니다.

합식

간혹 몬스테라 화분에 다른 식물을 같이 합식하는 경우도 있는데, 몬스테라 성장 속도가 워낙 빨라서 합식한 식물이 잘 자라지 못할 염려가 있습니다. 따라서 몬스테라는 단독으로 화분에 심는 것이 좋으며, 몬스테라끼리 합식을 하더라도 성장 속도로 인해 금방 분리를 해 줘야 하는 상황이 생기기 때문에 가능한 한 몬스테라는 분리 식재를 하는 것을 기본으로 삼아야 합니다. 합식해서 한 화분에서 자란 몬스테라들은 뿌리가 엉켜서 분리하기가 매우 까다롭습니다. 만일 몬스테라 뿌리를 분리해야 할 경우가 생긴다면, 물로 최대한 흙을 씻어낸 뒤 잔뿌리가 다치지 않게 한 가닥 한 가닥 엉킨 실타래를 풀듯 잘 분리해 주어야 합니다.

장기간 집을 비울 때

식물을 키우면서 겪을 수 있는 문제 중 하나는 여행이나 출장 등 장기간 집을 비워야 할 때입니다. 일부 식집사들은 식물 관리 때문에 해외여행을 꺼릴 정도입니다. 또한 부득이 병원에 입원하거나 식물을 관리할 여력이 안 될 때는 식물들을 다른 집에 보내거나 처분하기도 합니다. 장기 부재에서 가장 크게 부딪히는 문제는 물을 어떻게 줄 것인가 하는 점입니다. 물론 식물마다 물을 주는 주기가 다르고, 화분의 사이즈에 따라 다르기도 하지만 보통 1주일에 한 번 정도는 물을 줘야 하기 때문입니다. 저는 학원을 운영하고 있고 학원에서 식물을 키우고 있으므로 상대적으로 관리가 용이한 편입니다. 수업 틈틈이 관리하는데, 식물에게 물을 주기도 하고 성장 상태를 확인하기도 합니다. 분갈이가 필요한 화분은 분갈이를 해 주고 번식을 위해 커팅을 하기도 합니다.

하지만 장기간 학원을 비워야 하는 경우에는 불안하지 않을 수 없습니다. 그렇다고 다른 사람에게 물 주기를 부탁하는 것도 걱정입니다. 제 나름대로는 오랜 시간 식물을 키우면서 경험을 쌓았다고 생각하는 편인데도 간혹 과습으로 식물을 죽이기도 하는데, 식물에 대해 잘 알지 못하는 사람이 물을 줄 경우 어떤 일이 생길지 알 수 없기 때문입니다.

그래서 저는 식물 화분을 대체로 25cm 이상 큰 구경으로 교체했고, 또 대부분을 저면관수 화분으로 바꾸었습니다. 저면관수 화분의 경우 과습이 올 위험이 상대적으로 크기는 하지만, 장시간 화분에 물을 보관하면서 천천히 화분에 수분을 공급하기 때문에 최대 한 달 정도까지 물을 주지 않아도 되는 장점이 있습니다.

만약 저면관수 화분이 없다면, 커다란 물동이나 대야 등에 물을 받고, 화분 하단의 3분의 1쯤 되는 지점까지 물에 담가 두는 것도 하나의 방법이 될 수 있습니다. 또 경우에 따라서 수분이 증발되는 것을 막기 위해 화분 상층부에 노출된 흙 부위를 랩으로 감싸는 방법을 쓸 수도 있습니다. 이렇게 하면 화분 안의 수분이 좀 더 오랫동안 증발되지 않아서 장시간 물을 주지 않더라도 화분 안의 수분을 유지할 수 있습니다.

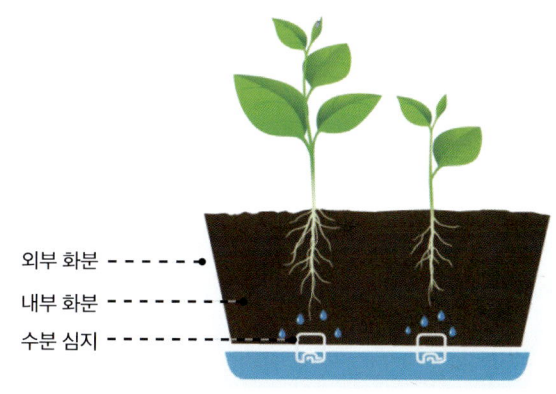

외부 화분
내부 화분
수분 심지

소소정원 저면관수 화분. 외부 화분과 내부 화분, 수분 심지로 구성되어 있어 수분을 천천히 공급한다. 사이즈에 따라 가격대가 다양한데, 가장 저렴한 것은 약 6,600원이다

사진 출처 : 소소정원

지금까지 몬스테라 알보를 키울 때 문제가 될 수 있는 점들과, 그 문제의 해결 방법에 대해 알아봤습니다. 다음 장에는 많은 사람들이 가장 궁금해할 만한 부분, 몬스테라 알보의 번식 방법과 노하우에 대해 이야기해 보도록 하겠습니다.

엘호 그린빌 라운드 화분. 받침대가 깊어 저면관수가 가능하다. 다양한 사이즈가 있으며, 가장 저렴한 것은 약 19,000원이다.

3 커팅을 통한 삽수 만들기

여기서 다시 한번 개념을 잡고 가겠습니다.

몬스테라 알보를 포함한 돌연변이 무늬종 몬스테라들은 씨앗을 뿌리거나 조직 배양을 하는 방법 등으로는 무늬가 나오지 않기 때문에 사실상 번식이 불가능하다고 봐야 합니다. 따라서 몬스테라 알보를 구매할 때는 삽수(揷樹)를 식재한 개체를 들이는 경우가 대부분입니다. 삽수는 앞에서 설명해 드린 것처럼 번식을 위해 잘라 낸 줄기나 잎, 뿌리 등을 일컫는 말인데 몬스테라의 경우 줄기·잎·기근을 모두 포함한 형태를 하나의 삽수로 취급합니다. 이렇게 들인 몬스테라 알보 삽수를 더 많은 잎을 가진 대품으로 키울 수도 있지만, 개체 수를 늘리고 이를 판매해서 수익을 내려면 결국 줄기를 자르는 커팅cutting을 통해 새로운 삽수를 만들어야 합니다. 이 삽수의 뿌리가 흙에 잘 자리 잡도록 하는 과정을 순화(馴化)라고 합니다.

결국 몬스테라 알보를 통해 식테크를 하려면 커팅을 잘해서, 삽수를 만들어야 하고, 이 삽수를 잘 순화시켜야 합니다. 이 과정을 통틀어 삽목(揷木, 식물의 가지나 잎을 잘라 내 다시 심는 방법)이라고 합니다.

삽목 과정은 식테크의 핵심이기도 하지만 식물을 키울 때 생기는 문제가 대부분 여기서 발생한다고 해도 과언은 아닙니다. 가장 복잡하고 어렵기 때문이죠. 사실 저도 입문 초기에 무늬종 몬스테라를 커팅하고 순화하는 과정에서 요즘 시세로 대략 3,000만 원 정도의 손실을 봤을 정도로, 이 과정은 식테크에서 가장 어려운 부분이 아닐 수 없습니다. 특히 현재 제 유튜브 채널 '더필플랜트'의 로고로 사용 중인 옐로우 몬스테라의 탑 삽수 잎을 순화하다 죽여 먹은 뼈아픈 경험은 아직도 기억에 남아 있습니다.

이런 경험 때문에 제가 몬스테라 알보 구입에 관한 이야기를 할 때 비싸더라도 순화가 완료된 큰 개체를 사는 것이 좋다는 말씀을 드리는 것입니다. 사실 몬스테라 알보를 키우기 어렵다고 생각하는 사람들의 사례를 살펴보면 대부분은 순화되지 않은 삽수를 산 경우입니다. 만약 몬스테라 알보의 잎이 타는 것만 신경 쓰지 않는다면 몬스테라 알보는 일반 몬스테라와 다름없이 키우기 쉬운 식물이라고 볼 수 있습니다. 그리고 사실 몬스테라 알보의 잎이 타는 것은 미관상 문제가 될 뿐 생장과는 큰 관련이 없습니다.

몬스테라 알보 삽수

결론적으로 초보자들이 몬스테라 알보를 키울 때 있어 가장 궁금해하는 동시에, 가장 어려운 부분도 커팅과 순화일 것입니다. 커팅을 하려면 우선 몬스테라의 기본적인 형태와 구조에 대해 알아야 합니다. 그럼 몬스테라가 어떤 형태적 특성을 가졌고, 또 어떻게 성장하는지 이야기해 보도록 하겠습니다.

몬스테라의 형태와 구조, 그리고 커팅 방법

우선 몬스테라는 외떡잎식물로, 잎은 각각 좌측과 우측에서 번갈아 자라나며, 보통 이렇게 자라난 잎 1장당 잎자루와 줄기가 만나는 지점인 마디의 바로 위쪽에 하나의 생장점, 즉 새로운 싹이 나올 '눈'과 하나 내지는 여러 개의 '기근'이 나올 자리를 가지고 있습니다. 즉 잎 1장당 생장점 하나와 기근이 나올 자리 하나가 더해져 하나의 삽수를 만들 수 있는 단위가 되는 것입니다. 그래서 보통 몬스테라를 포함한 천남성과 식물들은 대체로 잎 1장 단위를 삽수 단위로 삼아서 잎 1장당 숫자로 가격을 매기는 것입니다.

몬스테라 알보를 포함한 모든 몬스테라들은 보통 잎 하나와 본줄기의 생장점, 그리고 이미 자라난 기근 하나 이상을 기준으로 커팅을 합니다. 다만 식물 개체의 제일 위쪽에 위치한 탑 삽수의 경우 보통 잎 2~3장과 발달한 최소 한 개의 기근을 기준으로 커팅하는 것이 일반적입니다.

커팅 시에는 알코올 스왑이나 소독약 등으로 충분히 소독한 가위나 칼로 커팅하는 것이 좋습니다. 또한 커팅을 할 경우에는 기근이나 생장점으로부터 충분히 거리를 둬서 커팅 자리를 잡는 것이 좋습니다. 그래야 커팅 후 절단면으로부터 본줄기가 썩어 들어가더라도, 추후 썩은 자리를 잘라 낸 뒤 되살릴 수 있는 가능성이 높아지기 때문입니다.

몬스테라 알보 생장점과 기근

    대체로 몬스테라 델리시오사는 보르시지아나에 비해 본줄기 간 마디 간격, 즉 본줄기에 붙어 있는 잎자루 사이의 간격이 좁아서 커팅이 어렵습니다. 그에 비해 보르시지아나는 마디 간 간격이 넓어서 상대적으로 커팅이 수월합니다. 몬스테라 알보 역시 보르시지아나종이기 때문에 커팅이 수월한 편입니다만, 아직 작은 유묘 시기에는 마디 간격이 짧아서 조심스럽게 커팅을 해야 합니다. 특히 마디 사이에 생장점, 즉 눈 자리가 있을 경우 이것을 피해서 커팅을 해야 새로 자라나는 새순이 상처를 받지 않고 잘 성장할 수 있습니다. 만약 눈 자리를 실수로 커팅했을 때, 운이 좋으면 그 자리에서 새순이 자랄 수도 있지만 정상적으로 새순이 날 때보다 시간도 오래 걸리고 새순의 형태도 기형적으로 자라게 됩니다.

또한 눈 자리는 식물이 성장하면서 자연스럽게 잡히기도 하지만, 커팅을 하고 난 뒤에 서서히 잡히는 경우도 있습니다. 눈의 위치는 본줄기와 잎자루가 만나는 지점인 마디의 위쪽, 즉 식물의 상층부 방향에 잡히는데, 보통 마디와 잎자루가 만나는 좌측 끝이나 우측 끝에 쏠려 자리를 잡습니다. 그리고 이 방향은 바로 위나 아래에 있는 눈의 위치와 반대쪽입니다. 따라서 어떤 잎이 잎자루의 좌측에 눈이 있다면, 그다음 눈은 잎자루 우측에 잡히고 새순이 돋아나게 됩니다. 또한 보통 본줄기의 눈 자리 정반대 쪽이 기근이 나올 자리가 됩니다.

모든 몬스테라 알보들은 씨앗이나 조직 배양을 통해 번식시킬 수 없기 때문에, 결국 탑 삽수나 미들 삽수 중 하나에서 성장한 개체들입니다. 이때 탑 삽수는 각 잎마다 생장점이 살아 있는 상태여서 추후 몬스테라 알보가 더욱 크게 성장할 가능성이 높습니다. 설령 윗부분이 잘리더라도 나머지 생장점에서 새순이 올라올 수 있는 자리가 많습니다.

그러나 미들 삽수의 경우, 이미 가장 하단의 첫 번째 잎의 생장점에서 새순이 나와 자란 상태이기 때문에, 제일 아래 잎 1장을 남겨 둔 채 새순 부분을 커팅해 삽수를 만들면, 제일 아래 잎을 가진 바텀bottom의 경우 생장점이 없는 와이 삽수가 되어 버립니다. 물론 여러 번 커팅을 해서 생장점이 없어진 바텀이나 와이 삽수, 즉 커팅 절단면이 Y 자처럼 3개가 된 생장점이 없는 삽수의 경우에도 오랜 시간 기다리면 절단면에서 새순이 올라오는 경우도 있습니다만, 이러한 새순은 기형적으로 성장하기 때문에 정상적인 잎이 나오기까지 상당한 시간이 걸리며, 또 경우에 따라서는 새순이 나오지 않기도 하므로 주의해야 합니다.

커팅 방법 1. 탑 삽수

지금부터는 그림과 함께 좀 더 구체적으로 커팅 방법에 대해 알아보도록 하겠습니다.

그림 1

만약 여러분이 흙에 식재된 탑 삽수를 구매했다면 일반적으로 잎이 2장이 있고, 줄기 아래쪽 마디 부분에 기근(혹은 기근에서 자라 발달한 뿌리)이 있습니다.

그림 2

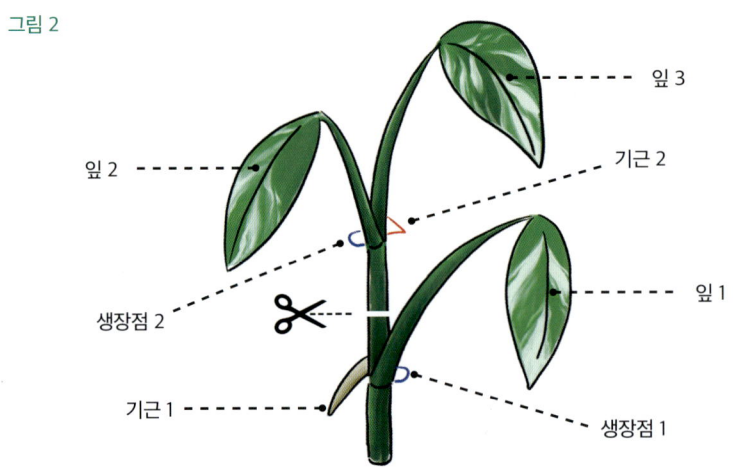

시간이 지나면 1번과 2번 잎 사이에 새로운 잎 3이 자라고, 기근 2가 새로 나오고, 생장점 1, 2가 잡힙니다. 이때 생장점은 보일 수도 있고, 보이지 않을 수도 있습니다. 물론 시간이 지나면 명확히 드러나겠지만, 커팅은 생장점이 보인 다음에 하는 것만은 아닙니다. 생장점이 잡힐 곳을 짐작해 그 자리만 남겨 주면 됩니다. 이렇게 총 3개의 잎과 2개의 기근이 만들어지면, 이때 잎 2와 잎 3, 생장점 2와 기근 2를 포함하여 커팅합니다.

그림 3(그림 2에서 커팅한 개체)

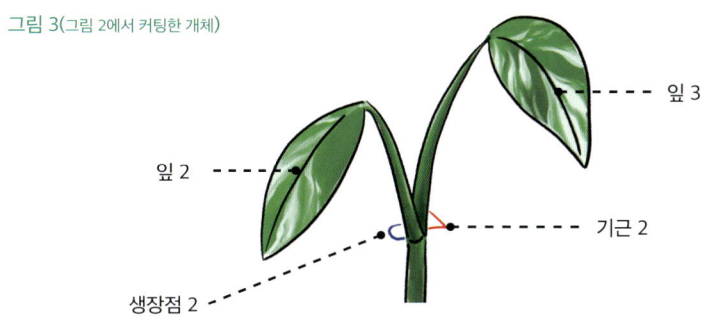

그러면 그림 3처럼 두 장의 잎과 생장점, 기근을 가진 새로운 탑 삽수를 만들 수 있습니다. 그림 4는 그림 2에서 남은 부분인데 한 장의 잎과 생장점, 기근을 가진 미들 삽수가 됩니다. 이 개체는 이미 흙에 식재되어 있어서 순화가 끝난 상태입니다.

그림 4(그림 2에서 남은 부분)

새로 만들어진 탑 삽수는 시간이 지나면 다시 2개의 생장점이 더 잡히면서 (탑 삽수의 경우 통상 3개의 생장점을 가지게 됨) 그림 1과 같은 형태가 될 테니, 다시 과정을 반복하면서 개체 수를 계속 늘려 가면 됩니다. 광량이 충분하고, 큰 문제가 일어나지 않는다면 여기까지 대략 두 달 정도가 걸립니다. 결론적으로 여러분이 잎 2장짜리 탑 삽수를 들여왔다면, 약 두 달 정도 후에 잎 2장짜리 탑 삽수 1개와 순화된 잎 1장짜리 미들 삽수 하나를 만들 수 있습니다.

커팅 방법 2. 미들 삽수

그림 5

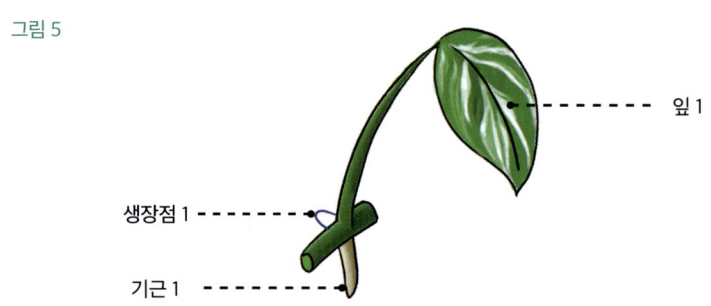

미들 삽수를 흙에 식재한 개체, 혹은 잎 3장짜리 탑 삽수를 커팅하고 남은 미들 삽수는 보통 하나의 잎, 두 개의 절단면, 하나의 기근, 하나의 생장점이 있습니다.

그림 6

시간이 지나면 생장점 1(그림 5)에서 잎 2(그림 6)가 자라게 됩니다. 기근도 더 자라겠지요. 이때는 언뜻 보면 잎 같지 않고, 가늘고 뾰족한 '무엇'인가로 보입니다. 잎 같은 듯, 잎 같지 않은 잎이라고나 할까요. 보통 잎 2는 생장점의 첫 잎이라 제대로 된 잎 모양을 형성하지 못하고 뾰족하게 풀잎처럼 나오는경우도 많습니다. 다만 이 단계에서 커팅하는 것은 권하지 않습니다.

그림 7

이때 잎 2를 커팅하면 위 그림처럼 기존의 잎 1과 절단면이 3개인 와이 삽수가 되기 때문입니다. 이렇게 되면 잘린 절단면에서 새순을 내지 못하는 경우가 대부분이고, 낮은 확률로 새순을 낸다 하더라도 1년이 넘게 걸리는 편입니다.

그림 8

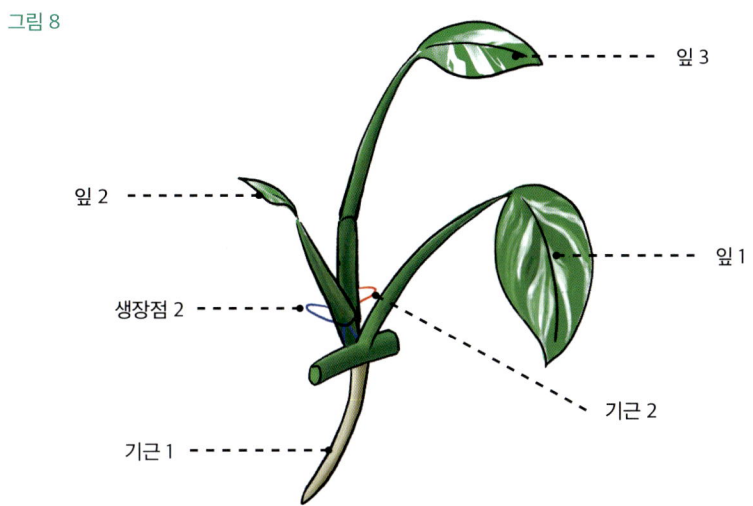

이 시점에서는 '기다림'이 답입니다. 시간이 지나면 그림 8처럼 잎 1과 잎 2 사이에 잎 3이 만들어집니다. 또 기근 2가 만들어지고, 생장점 2도 잡힙니다. 그러면 아주 잘 크고 있는 중이라고 생각해도 되겠습니다. 다만 우리는 여기서 잎이 하나 더 생길 때까지 조금 더 기다려야 합니다.

그림 9

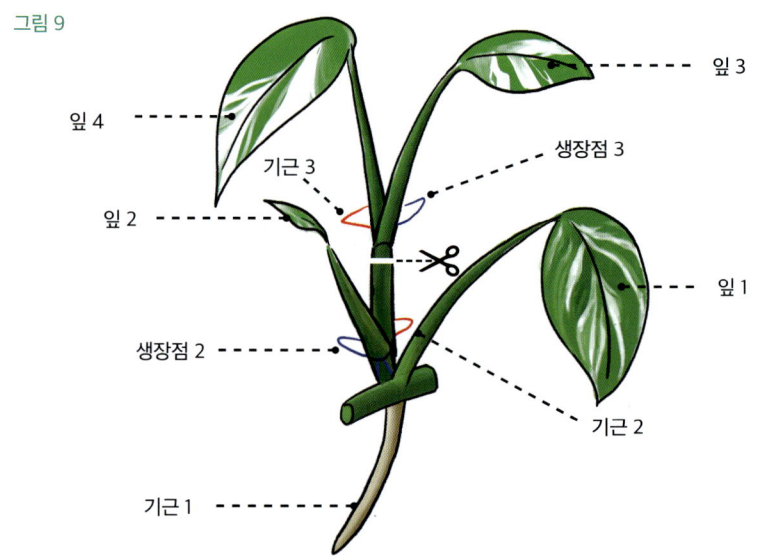

시간이 좀 더 지나면 잎 2와 잎 3사이에서 잎 4가 만들어집니다. 그리고 기근 3과 생장점 3도 만들어질 것입니다. 이때가 커팅 시점입니다. 잎 3과 잎 4, 기근 3, 생장점 3을 포함해서 커팅합니다.

그림 10(그림 9에서 커팅한 개체)

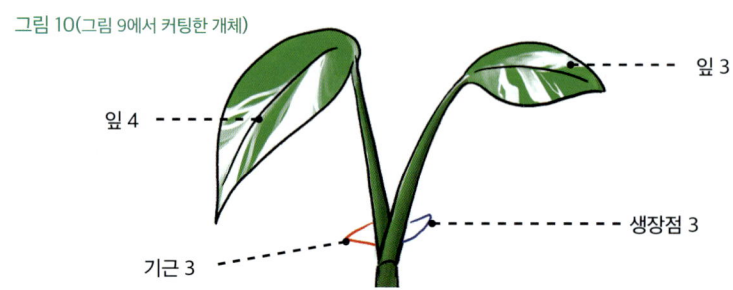

그러면 이제 2개의 잎과, 하나의 기근과, 생장점을 가진 탑 삽수 1개와 그림 11처럼 2개의 잎과 2개의 기근과 하나의 생장점을 가진 개체가 만들어집니다.

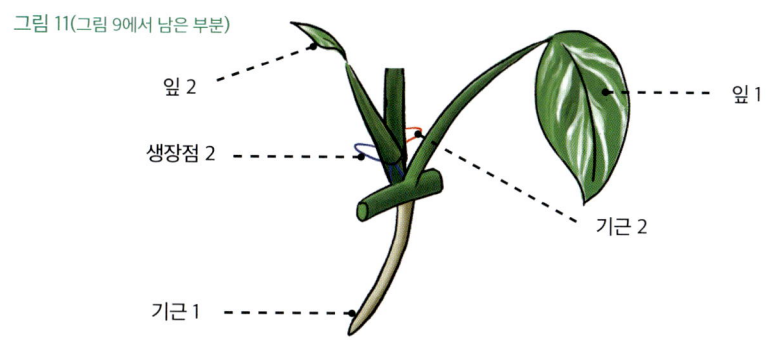

그림 11(그림 9에서 남은 부분)

이렇게 기존의 미들 삽수를 커팅하고 남은 개체를 바텀이라고 합니다. 이 또한 엄밀히 따지면 미들 삽수입니다. 이처럼 잎 1장짜리 미들 삽수를 분양 받아 잎 4장이 되기까지 통상 4개월 정도가 걸린다고 보면 됩니다.

내용을 정리하겠습니다.

잎 2장짜리 탑 삽수는 잎이 3장이 되면 커팅이 가능합니다. 대략 두 달 정도 걸리고, 커팅하면 잎 2장짜리 탑 삽수와 흙에 식재되어 있는 잎 1장짜리 미들 삽수 개체가 만들어집니다. 잎 1장짜리 미들 삽수 개체는 잎 4장이 되면 커팅하여(대략 4개월 소요), 잎 2장짜리 탑 삽수 하나와 잎 2장짜리 바텀 하나를 만들 수 있습니다.

바텀은 아래의 생장점을 이미 썼기 때문에 잎이 5장이 나와야 커팅이 가능합니다. 그렇게 되면 이 개체는 다시 커팅해 잎 2장을 가진 탑 삽수 하나와 잎 3장을 가진 바텀으로 만들 수 있습니다. 당연히 탑 삽수는 그림1의 과정을 반복하면 되고요. 남은 잎 3장짜리 바텀은 잎이 6장이 되면 또 커팅이 가능해지고, 다시 잎 2장짜리 탑 삽수와 잎 4장짜리 바텀이 생성되는 것입니다.

덧붙여 말씀드리고 싶은 것은 여러분이 분양받은 개체가 모두 그림과 똑같은 위치에 생장점이 잡히고 기근이 자라는 것은 아니라는 점입니다. 물론 어느정도의 규칙은 있지만, 그것이 완벽하게 정확한 것은 아닙니다. 기근이나 생장점 등이 생기는 위치는 물론이고 성장 기간도 조금씩 다를 수 있습니다. 하지만 그림 1~11은 가장 일반적인 경우를 예로 든 것이므로 이를 통해 몬스테라 알보가 자라는 과정과 기본적인 커팅 원리를 파악할 수 있습니다.

이를테면 몬스테라 알보는 하나의 잎이 하나의 생장점과 하나 이상의 기근을 가지고 있다는 것, 잎은 좌우 번갈아 가면서 나오는데 생장점은 잎이 달린 줄기에 생긴다는 것, 기근은 생장점의 반대쪽에서 자란다는 것, 커팅할 때는 반드시 잎과 기근과 생장점을 포함해야 한다는 것, 탑 삽수(혹은 탑 삽수를 식재한 개체)의 경우 기존에 있던 두 잎 사이에 새로운 잎이 나면 두 개의 잎과 하나의 기근과 생장점을 포함해 커팅해야 한다는 것 등 여러분이 알아야 할 기초 지식을 모두 담아 두었으니 꼼꼼하게 익혀 두시기 바랍니다. 이 원리만 확실히 알아 두면 혼자서도 충분히 커팅하여 새로운 개체를 만들 수 있습니다.

잎 6장짜리 몬스테라 알보 커팅법

사진으로 한 번 더 설명하겠습니다. 이것은 잎 6장짜리 개체입니다.

우선 1번 자리를 커팅하면(사진 ①, ②) 1개의 기근과 3개의 생장점과 2장의 잎을 가진 탑 삽수(사진 ③)를 만들 수 있습니다. 이렇게 만든 탑 삽수는 바로 물꽂이(사진 ④)를 하는 것이 좋습니다. 물꽂이와 관련해서는 다음 장에 자세히 설명합니다.

이 개체는 잎이 6장이기 때문에 커팅이 더 가능합니다. 다시 커팅하면(사진 ⑤) 미들 삽수(사진 ⑥)를 만들 수 있습니다. 아직 생장점이 명확히 보이지 않지만, 곧 드러나게 될 겁니다.

커팅한 미들 삽수는 기근이 흙에 파묻혀 있었고, 뿌리를 보면(사진 ⑦ 위쪽) 충분히 순화가 되었음을 알 수 있습니다. 이런 개체는 물꽂이 할 필요 없이 바로 흙에 식재하면 됩니다. 그리고 남은 것은 흙에 식재되어 있는 바텀(사진 ⑦ 아래쪽)이 됩니다.

충분히 순화된 뿌리

몬스테라 알보를 가장 빠르게 번식하는 방법

여기서 이런 의문이 들 수 있습니다.

"크게, 크게 키워 많은 잎을 가진 개체를 만든 다음 한꺼번에 커팅하는 것이 좋을까, 아니면 그때그때 새잎이 나올 때마다 커팅을 해서 개체 수를 늘리는 것이 좋을까?"

사실 이 두 가지 방법 중 무엇이 유리한지는 상황에 따라 다릅니다. 대품은 키우는 데 시간이 걸리기는 하지만 미관상 보기 좋기 때문에 몬스테라 알보나 희귀종 무늬 몬스테라의 대품 사진을 SNS에 올리면 확실히 주목을 끄는 효과가 있습니다. 따라서 카페나 레스토랑 등을 운영한다면 대품으로 키우는 것을 추천합니다. 식물 마니아들이 찾고 싶어 하는 핫플레이스를 만들 수 있으니까요. 하지만 개체 수를 늘리거나, 식테크가 목적이라면 그때그때 새잎을 잘라 번식시키는 것이 유리합니다. 잎이 작을수록 순화에 걸리는 시간이 줄어들고 부담도 덜하기 때문입니다.

참고로 1년 동안 계속 자라게 한 뒤 한 번에 커팅한 것과 적절한 시기가 되었을 때 바로바로 커팅한 경우에 개체 수가 어떻게 달라지는지 계산해 본 적이 있습니다. 결론부터 말씀을 드리면, 2장의 잎을 가진 탑 삽수를 1년간 키운 뒤 커팅했을 때는 2장의 잎을 가진 탑 삽수 하나와, 1장의 잎을 가진 미들 삽수 11개(개체 수 12, 잎 수 12)를 만들 수 있습니다. 물론 이 경우는 발생할 수 있는 다양한 변수 등을 제외하고, 모든 잎이 평균적으로 자랐다고 가정했을 때입니다.

그런데 2장의 잎을 가진 탑 삽수를 앞에서 설명한 대로 바로바로 커팅하면서 키우면 2장의 잎을 가진 탑 삽수 7개, 1장의 잎을 가진 미들 삽수 5개, 2장의 잎을 가진 미들 삽수 3개, 2장의 잎을 가진 바텀 1개, 3장의 잎을 가진 바텀 2개, 4장의 잎을 가진 바텀 1개(개체 수 21, 잎 수 37)를 만들 수 있다는 결론이 나왔습니다.

물론 키우다 보면 잎이 시들거나 녹을 수도 있고 고스트가 나올 수도 있습니다. 뒤에서 자세히 설명하겠지만 잎이 순화 과정을 거치면서 퇴화하는 경우도 있어서 실제로는 정확하게 이 숫자가 나오지는 않습니다. 당연히 자라는 속도도 모든 개체가 일정하지는 않을 테고요. 다만 단순 계산으로 보면 적절한 시기가 되었을 때 바로바로 커팅하면서 키우는 것이 개체 수를 늘리는 데 훨씬 유리하다는 점은 명확합니다. 추론 과정은 다소 복잡한 수학 계산이라 책에 넣지는 않았습니다만, 혹시 궁금하다면 제 유튜브 〈더필플랜트〉를 참고하기 바랍니다.

몬스테라 알보를 가장 빠르게 번식시키는 방법

추가로, 몬스테라 알보를 커팅하는 방법에 관해서도 업로드한 것이 있습니다. 책을 통해 기본적인 원리를 파악한 후에 영상을 참고하면 좀 더 정확히 감을 잡을 수 있습니다.

몬스테라 알보를 다른 몬스테라와 구별할 줄 아는 것이 식테크의 기본이라면, 몬스테라 알보의 커팅은 식테크의 핵심이라 해도 과언이 아닙니다. 책과 영상을 통해 몬스테라 알보 관련 지식을 완전히 자기 것으로 만들기 바랍니다.

탑 삽수 & 미들(중간) 삽수 커팅 노하우

4 커팅 후 순화 방법

커팅한 삽수들은 다양한 방법으로 순화할 수 있습니다. 가장 간단한 방법은 비료기가 없는 흙, 즉 무비상토에 바로 식재를 하는 것이죠. 이 방법은 순화 기간이 가장 짧다는 장점이 있지만 순화 과정에서 뿌리가 썩는 개체가 발생할 위험도 높습니다. 아무리 잘 관리를 해도 누락되는 개체가 10% 이상 나오고는 합니다.

여기서 선택의 길이 나뉩니다. 전문 농원들은 삽수 하나하나의 생존 확률보다는 전체 순화 시간을 단축시키는 것이 이득이라고 보고 흙에 바로 식재하는 방법을 선호하는 편입니다. 순화 중에 몇 개가 죽더라도, 보통 두 달 정도인 순화 기간을 절반으로 줄인다면 전체적으로 수익이 커진다고 판단하는 것이죠.

하지만 이 방법을 일반 가드너들이 활용하기는 쉽지 않습니다. 아무래도 개체를 대량으로 구입하기보다는 한두 개 정도 사서 키우는 경우가 많고, 기간이 좀 걸리더라도 최대한 안전하게 순화하는 것을 중요하게 생각하기 때문입니다. 그래서 일반 가드너들이 가장 많이 사용하는 순화 방법은 바로 물꽂이입니다. 물꽂이란 커팅한 삽수를 뿌리와 벌브까지 물에 담가 두는 방법인데, 정수기물 혹은 수돗물 등 깨끗한 물이라면 큰 상관은 없습니다. 또한 물꽂이 물이 더러워지지 않는다면 물을 자주 갈아 주지 않아도 됩니다. 사실 뿌리가 내리고 싹이 올라오는 데에는 물을 자주 갈아 주는 것이 오히려 독이 될 수 있습니다.

커팅 후 물꽂이를 해 둔 삽수들

뿌리는 항시 물에 충분히 잠기도록 유지하면 되니까 간단합니다. 그런데 새순이 나올 눈의 경우는 조금 주의가 필요합니다. 잎이 나오기 전까지는 새순이 물에 잠겨 있어도 무방하지만, 잎이 나온 뒤에는 흙에 식재를 해야 합니다. 만약 뿌리가 아직 완전하지 않아 흙에 식재하기 어려운 경우에는 잎이 물 밖으로 나올 수 있도록 수위를 조절하는 것이 좋습니다. 물꽂이를 한 삽수는 기근에서 가느다란 잔뿌리가 3~4가닥 이상 충분히 나왔을 때 비료기가 없는 흙인 무비상토, 즉 코코피트, 피트모스, 펄라이트를 6 : 3 : 1 정도로 섞은 흙에 식재하는 것이 좋습니다. 만일 물꽂이로 키우던 삽수를 잔뿌리가 발달하기 전 너무 일찍 흙에 식재하면 뿌리가 녹을 확률이 높아집니다. 그렇다고 해서 또 너무 오래 물에 두면 흙에 식재했을 때에 비해 성장이 느려지기 때문에 적당한 시기를 잘 잡는 것이 중요합니다.

물꽂이 후 흙에 식재할 때가 된 알보 삽수 뿌리

기근이 잘 자라고 있지만 잔뿌리가 없어 좀 더 물꽂이를 해야 하는 삽수

이렇게 삽수를 물에 꽂아 두면 순조롭게 많은 뿌리를 내릴 수 있고, 그렇게 뿌리가 내린 삽수를 다시 흙에 심으면 안정적으로 순화를 완료할 수 있습니다. 하지만 흙에 바로 식재하는 방법과 비교하면 순화 시간은 2배 이상, 즉 약 두 달 이상으로 길어지게 됩니다.

커팅한 삽수를 물꽂이하려면 물꽂이를 할 화병이나 물병 등이 필요한데, 불투명한 병에 물꽂이를 하는 것이 좋은지 아니면 투명한 병에 물꽂이를 하는 것이 좋은지 묻는 사람들이 상당히 많았습니다. 보통 뿌리는 어두운 곳에서 잘 내리고 새순은 밝은 곳에서 싹을 더 잘 틔우는데, 두 가지 조건을 다 맞추기는 사실상 어렵기 때문에 저는 투명한 유리 화병을 권하는 편입니다. 사실 유리병 아래쪽만 종이로 가리거나 칠을 하여 어둡게 유지할 수도 있습니다만, 실제 이 방법을 사용해 보면 뿌리 쪽으로 가는 빛을 완전히 차단하기도 힘들뿐더러, 새순 부분만 빛에 노출시키는 것도 제한되기 때문에 투명한 유리병을 사용해도 사실상 큰 차이가 없습니다.

물꽂이할 때 자주 사용하는 화병들

또한 유리병을 사용하면 인테리어 측면에서 실내를 꾸미는 효과도 있기 때문에 예쁜 화병을 구입해서 삽수를 꽂아 두는 것도 좋은 방법입니다. 실제로 북유럽 스타일 인테리어를 보면 커다란 몬스테라의 찢어진 잎을 하나씩 무심히 화병에 꽂아 두는 경우가 많습니다.

그리고 한 가지 팁을 드리자면, 삽수를 꽂아 둘 용도로 사용할 화병을 검색해 보면 퀄리티가 좋지 못한 제품들도 상당히 비싼 가격에 올라오는 경우가 많은데, 화병 대신 '카라페병'을 검색해 보십시오. 화병은 아니고 물병이지만 예쁘고 마감 퀄리티가 높은 유리병들을 비교적 저렴한 가격에 구입할 수 있습니다.

물꽂이를 할 때, 온도는 20℃ 이상을 유지해서 물이 차갑지 않도록 하고, 빛은 너무 강한 직광이 아닌 정도에서 충분한 광량을 받을 수 있도록 해 주는 것이 좋습니다. 빛이 충분하지 않을 경우 잎이 광합성을 하지 못해 녹는 경우가 생길 수 있으며, 새순의 성장도 늦어지게 됩니다. 또한 삽수 중 잎이 완전히 고스트이거나, 잎이 없어서 광합성을 하지 못하는 개체(소위 '몽둥이')의 경우에는 삽수가 기존에 가지고 있던 양분만을 이용해 새순을 틔워야 하기 때문에, 잎이 있는 삽수에 비해 성장이 늦어질 수 있습니다. 뿌리의 경우는 조금 다릅니다. 몬스테라는 자체 생명력이 매우 강하기 때문에 뿌리가 아예 없는 경우에도 뿌리를 내리고 새순을 틔우기도 합니다. 또 벌브가 반 이상 썩어 가망이 없어 보이다가도 새순을 내고 되살아나기도 합니다. 끝까지 희망을 놓지 말고 마지막까지 삽수를 살리기 위한 노력을 해 보시기 바랍니다. 식테크를 떠나 하나의 생명을 살리는 일이기도 하니까요.

그리고 몬스테라가 성체이건 혹은 삽수이건 상관없이 물꽂이는 몬스테라를 되살릴 수 있는 가장 좋은 응급 처치이자, 재생 방법입니다. 실제로 저 역시 과거 초보 시절에 좋지 않은 개체인지 모르고 뿌리 없는 삽수 2개를 구입했던 적이 있었는데, 1년간 물꽂이를 해 두었더니 결국 뿌리가 나오고 새순을 틔워 흙에 식재한 경험이 있습니다. 두 삽수 모두 무늬가 없는 무지 싹이 나와 몬스테라 알보로 키우는 것에는 실패했지만 말입니다.

삽수를 흙에 바로 식재하거나, 물꽂이를 하는 것 외에도 흔히 '수태말이'라 해서 물이끼에 삽수를 순화시키거나, 혹은 펄라이트에 물을 부어 삽수를 순화시키는 방법도 있습니다. 이러한 경우 흙에 식재한 것처럼 뿌리를 어둡게 유지할 수 있어서 뿌리 성장을 유도할 수 있고, 수태가 산성을 띠기 때문에 세균을 죽여 삽수가 썩어 들어가는 것을 어느 정도 막아 주기도 합니다. 그러나 수태나 펄라이트에서 자란 뿌리는 물꽂이를 해서 자란 뿌리와 마찬가지로 흙에 적응하기 위해서는 어느 정도 시간이 필요합니다. 또한 물꽂이나 흙에 바로 식재하는 것에 비해 번거로운 점들도 많기 때문에 널리 쓰이는 방법은 아닙니다.

수태말이를 한 알보 삽수

　가장 좋은 번식 방법은 삽수를 커팅하기 전에 기근을 흙으로 유도해서 미리 흙에 적응시키는 것입니다. 그래서 몬스테라를 커팅한 후 바로 흙에 식재하기 위해 줄기를 흙 표면에 바싹 붙여 옆으로 기듯이 자라게 키우면서 기근들이 흙 속에 자리 잡게 하기도 합니다. 또한 지지대에 흙이 든 작은 화분이나 밑에 구멍이 뚫린 종이컵 등을 묶어서 기근을 화분이나 종이컵의 흙으로 유도하는 것도 삽수를 순화 기간 없이 바로 흙에 안정적으로 식재할 수 있는 방법 중 하나입니다.

　또한 삽수를 순화할 때, 삽수의 뿌리가 썩지 않게 하기 위해 삽수 절단면을 촛농으로 처리하거나 약재 처리를 하기도 하고, 또 뿌리가 없거나 적은 삽수에 발근제를 발라 뿌리 발달을 유도하는 경우도 있습니다. 저도 이렇게 해 본 적이 있는데 경험상 큰 효과가 있는 것 같지는 않습니다. 사실 삽수의 순화 속도와 부패 정도는 얼마나 튼튼한 모주에서 커팅을 했는지에 따라 차

기근을 흙으로 유도해 적응시키면 순화 기간이 짧아진다.

이가 생깁니다. 건강한 모주에서 커팅한 삽수일수록 새순과 뿌리가 빨리 자라 순화 속도도 빠르고, 부패할 가능성도 적습니다. 반면, 삽수가 건강하지 않으면 뿌리가 썩으면서 본줄기도 같이 썩어 버리는 경우가 많습니다. 결국 몬스테라 알보를 잘 번식시킬 수 있는 가장 좋은 방법은 건강한 몬스테라 알보를 커팅해서 삽수를 만드는 것입니다.

만일 물꽂이를 하다가 삽수 뿌리가 까맣게 썩어 가거나 본줄기, 즉 벌브 부분이 썩어 들어가 물이 탁해지는 경우에는 절단면이 하얗게 나오는 곳까지 검게 썩은 부분을 과감하게 잘라 내고, 물을 갈아서 깨끗하게 유지해 주어야 합니다.

한편, 물꽂이 중에 삽수 뿌리나 벌브 부분에서 하얀 곰팡이 같은 것이 자라는 현상이 나타나기도 합니다. 이때 많은 초보자들이 혹시 삽수가 병이 든 것은 아닌지 혹은 어떤 문제가 생긴 것은 아닌지 걱정하는데요, 이 하얀 것의 정체는 캘러스callus라는 미분화 세포입니다. 이 세포가 점차 성장하여 새순이나 뿌리로 성장하는데, 캘러스가 많이 보일수록 그 삽수는 건강한 삽수라는 증거입니다. 따라서 걱정할 필요 없습니다. 오히려 순화에 더욱 유리한 상황이 된 것입니다.

캘러스

삽수 순화와 잎의 퇴화

삽수 순화 때 나타나는 잎의 퇴화 개념도 잠시 짚고 가겠습니다. 사실 몬스테라의 모든 잎들은 수명이 있습니다. 생장 환경에 따라 다르지만, 몬스테라 잎은 보통 2년 정도가 지나면 잎에 갈색 반점이 생기거나 노랗게 변하면서 점차 노화가 일어납니다. 이렇게 노화된 잎은 시간이 지나면 결국 줄기에서 떨어지게 되는데, 이를 '잎의 퇴화'라고 합니다.

탑 삽수의 경우는 순화를 하더라도 기존의 생장점인 정아를 유지하면서 자라기 때문에, 기존 삽수에 달려 있던 잎들이 빠르게 퇴화하는 경우는 별로 없습니다. 현재 생장하고 있는 몬스테라 줄기에 달려 있는 잎들이기 때문이죠.

왼쪽 : 처음 건강했던 몬스테라 알보 잎
가운데 : 생장점에서 새잎이 올라오면서 기존 잎은 퇴화 과정을 거치고 있다.
오른쪽 : 갈색 반점이 생긴 기존 잎

    그러나 미들 삽수의 경우 순화를 하고 나면 기존의 잎은 생장점에서 성장하는 새로운 잎이나 줄기 들과 달리 별개의 줄기에 달린 잎이 되고 맙니다. 그리고 기존의 잎이 달려 있는 줄기는 더 이상 생장할 수 없는 줄기이기 때문에 새로운 줄기에 에너지를 몰아주게 되어 점차 퇴화하게 됩니다. 따라서 미들 삽수의 경우 어느 정도 순화가 완료되어 새로운 잎들이 자라게 되면 급속히 퇴화하는 경우가 많습니다. 따라서 미들 삽수를 순화시킨 개체를 구입했을 때 새순이 자라면서 기존의 잎이 시들해지거나 색이 변하는 것을 보더라도 너무 걱정할 필요는 없습니다. 새로운 잎이 자라기 위해서 기존의 잎이 퇴화하는 자연스러운 과정이니까요.

관건은 무늬

몬스테라 알보의 삽수를 순화할 때, 삽수 자체를 죽이지 않고 순화에 성공하는 것도 관건이지만, 그에 못지않게 중요한 문제는 무늬입니다. 앞에서도 말씀드렸듯이 삽수 순화에 성공하기 위해서는 그 삽수가 얼마나 건강한지가 관건인데, 건강한 삽수라는 것은 광합성을 지속할 수 있는지 여부가 중요한 요소이고, 같은 맥락에서 무늬가 적을수록 삽수가 건강할 확률이 높습니다. 그러나 무늬가 적으면 추후에 그 삽수에서 성장한 개체 역시 무늬가 적거나, 아예 무늬가 사라지는 경우도 많기 때문에 적정한 양의 무늬가 적정한 부위에 골고루 발달한 개체를 선택해야 합니다.

여기서 몬스테라 알보 삽수 순화의 어려움이 또 하나 생기게 됩니다. 만일 여러분이 고스트 잎을 가진 삽수나, 아예 잎이 없는, 소위 '몽둥이'라고 불리는 삽수를 순화한다고 해 보겠습니다. 이 경우 삽수가 광합성을 할 수 없기 때문에 자체적으로 양분을 생산하기 어려운 상태입니다. 따라서 새순이 나오는 속도도 느릴뿐더러 순화 과정에서 기근이나 벌브가 썩게 될 경우 부패가 멈추지 않아 돌이킬 수 없는 상태에 이르는 경우가 많습니다. 하지만 삽수의 잎에 녹색 지분이 많은 경우에는 순화 과정에서 광합성을 통해 양분을 공급받을 수 있기 때문에 삽수 자체도 튼튼하고 새순이나 뿌리도 빠르게 발달합니다. 또한 뿌리나 벌브가 썩는 일이 발생하더라도 어느 정도 부패가 진행되다가 멈추는 경우가 많습니다.

그리고 탑 삽수의 경우 새로 나는 잎은 기존 잎의 무늬를 이어받아 성장하지만, 미들 삽수의 경우에는 눈의 무늬가 새순의 무늬에 영향을 미칩니다. 하지만 이때도 100%라는 것은 없어서, 흰색과 녹색이 잘 어우러진 무늬를 가진 눈이라고 해서 반드시 좋은 무늬의 잎이 나오는 것도 아니고, 녹색에 편중된 눈이라고 해서 무늬가 없는 잎이 나오는 것도 아닙니다. 역시 마찬가지로 흰색 지분이 많다고 해서 고스트 잎만 나오는 것도 아닙니다.

몬스테라 알보는 좌측 줄기의 무늬가 좌측 잎, 우측 줄기의 무늬가 우측 잎의 무늬 형성에 영향을 미칩니다. 따라서 몬스테라 알보가 자라는 도중 연속으로 나온 두 개의 잎이 모두 고스트이거나 모두 무지가 나왔다면 그 잎 2장이 달린 하얀색 줄기 부분을 잘라 주는 것이 좋습니다. 즉, 줄기에 적어도 흰색과 녹색이 섞인 부분이 있는 곳까지 커팅을 해 주어야 합니다. 이렇게 커팅을 해 주면, 그 아래쪽에 눈이 있는 경우 그 눈에서 다시 새순이 자라게 됩니다. 물론 그렇다고 해도 반드시 그곳에 좋은 무늬의 잎이 자란다고 확신할 수는 없지만 한 번 더 기회를 만들 수는 있습니다.

미들 삽수를 커팅 후 순화해 새순이 나오도록 유도하는 경우에는 새순에서 나온 첫 두 잎의 무늬가 무척 중요합니다. 첫 두 잎이 모두 무지나 고스트로 나왔다면 이 식물이 계속 성장했을 때 줄기 무늬 역시 녹색이나 흰색을 띠며, 그에 따라 앞으로 이 새순은 지속적으로 무지 잎이나 고스트 잎만을 내게 됩니다. 또 미들 삽수의 새순은 커팅을 할 경우 생장점이 없는 와이 삽수가 되기 때문에 새순이 날 확률이 낮을뿐더러 그 기간도 상당히 길어지게 됩니다.

이처럼 몬스테라 알보는 커팅과 순화에 상당히 많은 노력을 들여야 하는 것은 물론 운적인 요소에 따라서도 결과가 좌우됩니다. 아무리 식물을 오래 키웠다고 해도, 또 관리하는 능력이 뛰어나다고 해도 몬스테라 알보의 번식에서는 예기치 못한 난관과 문제에 봉착하는 경우가 많습니다. 이 말을 다시 풀어 쓰면, 이제 막 식테크에 입문한 초보 식집사들이 몬스테라 삽수, 특히 그중에서도 저렴한 미들 삽수를 분양받아 순화에 성공하기는 쉽지 않다는 뜻입니다. 설사 성공하더라도 새순이 좋은 산반이나 반반 무늬를 가지고 나올 확률은 50%가 채 되지 않습니다. 무엇보다 초보자들이 좋은 삽수를 고르는 일 자체가 어렵기도 합니다.

두 잎이 연속으로 고스트가 나온 경우

커팅 후 물꽂이를 해 놓으면 운 좋게 새순이 날 수도 있다.

위 사진은 연속으로 3개의 잎이 고스트로 나온 경우입니다. 저는 수많은 몬스테라 알보를 키우고 있어서 이런 개체가 나와도 그냥 실험 삼아 키워 보기도 합니다(이 개체도 결국엔 잎을 포함해 줄기의 흰색과 녹색이 섞인 부분까지 커팅했습니다). 하지만 하나의 몬스테라 알보를 키우고 있는 초보 식집사나 이 책을 통해 막 식테크에 입문했는데 이런 일이 발생한다면 무척 속상하고 마음 아플 것입니다.

물론 어떻게 하더라도 이런 일이 100% 일어나지 않는다고 장담할 수는 없습니다. 다만 그 가능성을 최대한 낮출 수는 있지요. 그 방법이 바로 앞에서도 말씀드렸듯이 탑 삽수를 식재해서 순화가 완료된 개체, 그리고 잎의 무늬가 안정적으로 자리잡아 어느 정도 성장에 탄력이 붙은 개체를 구입하는 것입니다

그런 한편, 이 책을 통해 몬스테라 알보의 커팅과 순화를 간접적으로 경험하면서 어느 정도 지식을 쌓은 이후라면 삽수를 구매해 본인이 직접 순화

하거나, 미들 삽수를 분양받아 새로 번식에 도전하는 것도 나쁘지는 않을 것입니다. 만약 성공한다면 식테크 측면에서도 수익률이 훨씬 커질 것이고, 실패하더라도 경험치를 쌓았다고 생각하면 반드시 손해를 보았다고 할 수는 없을 테니까요.

정리하자면, 가급적 처음에는 다소 비싸더라도 무늬가 좋고, 순화가 잘 되어 있는 개체를 구매하는 것이 좋습니다. 그래야 식물을 키우는 데에도 유리할 뿐더러, 추후에 커팅과 순화를 통해 번식을 시키기 용이하기 때문입니다. 식테크 차원에서 접근한다면 더욱더 중요한 점이기도 하고요.

어떻게 보면 앞에서 했던 이야기를 다시 반복한 셈이기는 합니다만, 그만큼 초보자가 꼭 명심해야 할 정보라는 점을 강조하고 싶습니다.

Part 4

식물로 수익 창출하기

1 어떻게 하면 식물을 비싸게 판매할 수 있을까?

판매처

자, 이제 여러분이 직접 몬스테라 알보를 사서, 키워서, 번식에 성공했다고 가정하겠습니다. 식테크를 하려면 이제 이 식물을 좋은 가격에 잘 판매해야겠지요. 그래서 이 책의 첫 부분은 구매자의 입장에서 썼고, 중간에는 식집사의 입장에서 썼습니다. 이제는 판매를 해야 하니, 지금부터는 판매자의 입장에서 말씀드리겠습니다.

제가 처음으로 옐로우 몬스테라를 판매한 방법은 제 개인 블로그를 통해서였습니다. 당시만 해도 제 블로그의 이웃 숫자는 그렇게 많지 않았지만, 취미로 1년 이상 식물을 키우면서 인연을 맺은 식물 마니아 이웃들이 있었고, 그런 만큼 가장 손쉽게 식물을 판매할 수 있는 수단이기도 했습니다. 일정 기간 이상 식물 카페에서 활동하거나, SNS상에서 식물 마니아로 활동한 경우에는 온라인 식물 카페나 개인 블로그, 혹은 인스타그램 등을 통해 식물을 판매하는 경우가 많습니다.

이렇게 개인적으로 판매할 때는 별다른 준비 없이 비교적 손쉽게 글이나 사진을 올려 식물을 판매할 수 있습니다. 또 평소 온라인을 통해 어느 정도 인맥이나 친분이 있는 사람들끼리 식물을 사고팔기 때문에 판매자나 구매자 모두 문제를 일으킬 소지가 적습니다. 그러나 온라인 식물 카페의 경우 특정 회원 등급 이상이 될 만큼 활동을 하지 못하면 판매 글 자체를 쓸 수 없는 경우가 대부분이며, 개인 블로그나 인스타그램도 구독자나 팔로워가 적다면 구매자를 찾는 것이 어려울 수 있습니다.

그래서 식물을 처음 판매하는 분들이 가장 많이 이용하는 수단은 중고나라나 당근마켓, 혹은 번개장터 같은 P2P 거래 플랫폼입니다. 이러한 플랫폼은 간단한 회원 가입만으로 구매자와 비교적 쉽게 연결이 가능하기 때문에, 많은 사람들이 식물을 거래하는 경로로 이용합니다. 하지만 P2P 거래 플랫폼의 경우 판매자가 신뢰를 구축하기 힘들고, 구매자 역시 항상 사기의 위험에 노출되어 있기 때문에 상대적으로 식물 카페나 개인 블로그, 인스타그램 등을 통한 판매보다 저렴한 가격에 판매가 이루어지며, 또한 구매자 역시 사기를 당하지 않기 위해 직거래를 선호함으로써 택배를 통한 원거리 거래가 제한되는 점이 있습니다.

그 외 통신 판매업 사업자 등록을 하고 네이버 스마트스토어나 쿠팡 등의 온라인 판매 몰에 입점하여 전문적으로 판매하는 방법이나, 오프라인 식물 마켓에 셀러로 참여하여 판매하는 방법 등도 있습니다.

사실 저는 개인 블로그를 통해 어느 정도 식물 판매가 가능했지만, 학원을 운영하고 있었기 때문에 세무 조사 대상이 되기 쉬운 상황이어서 함부로 식물을 판매해 수익을 내는 것은 피해야 했습니다. 제 통장으로 들어온 모든 수익은 불법 과외를 통한 수익이 아닌지 증빙해야 했기 때문에, 저는 처음부터 제대로 사업자 등록을 해야 한다고 판단했습니다. 이를 위해 제가 준비한 내용은 다음과 같습니다.

· **세무서** : 식물 통신 판매업에 대한 부가가치세 면세 사업자 등록증 발급 신청

- **은행** : 사업자 통장 개설 후, 에스크로(구매안전서비스) 등록
- **시청** : 통신 판매업 신청

스마트스토어 외에도 개인 블로그를 통해서 식물 판매가 가능하다

원칙적으로 모든 수익은 세무 신고 의무가 동반되며, 부가가치세가 면세 되는 분야라 하더라도 개인의 모든 소득에 대해 소득세가 존재하기 때문에 식물을 통해 수익을 얻고자 한다면 소득 신고를 철저히 하는 것이 좋습니 다. 물론 중고나라나 당근마켓을 통한 단발성 거래의 경우, 실질적으로 국 세청에서 판매 소득에 대해 세금을 물리기는 거의 불가능한 것이 사실입니

다만, 여러분이 장기적으로 식테크에 뛰어들 경우 이를 통한 소득액이 커질 수 있으며, 추후 세무 조사 대상이 되면 과징금을 납부해야 할 수 있습니다.

일단 여러분이 제대로 된 세무 신고를 하기 위해서는 국세청에 사업자 등록을 해야 하고, 이때 통신 판매 사업으로 사업자 등록을 할 경우 과세와 비과세 중 하나를 선택할 수 있습니다. 여러분이 식물만을 판매한다면 비과세를 선택하는 것이 유리합니다. 이 경우 별도의 기장 없이 1년에 한 번 자신의 총소득만 신고하면 됩니다. 이렇게 신고한 소득은 추후 개인 소득에 합산되어 소득세에 반영되고, 이 소득세를 기준으로 의료보험 납부액 등이 책정됩니다. 만약 여러분이 식물 외에 화분이나 비료 같은 상품을 함께 판매하려고 할 경우에는 과세 사업자를 신청해야 합니다. 이 경우에도 1차 산업 생산물인 식물의 판매 금액은 비과세이며, 나머지 상품들에만 10%의 부가가치세를 내면 됩니다. 다만, 매출 금액에 따라 장부를 작성해야 할 수 있으며 세무 신고 역시 좀 더 복잡해집니다.

사업자 등록을 할 경우 사업지 주소가 필요한데, 개인인 경우에는 본인이 거주하고 있는 집을 주소지로 등록할 수 있습니다. 이미 그 주소가 사업지로 등록되어 있는 경우에는 다른 주소에 사업자 등록을 하거나, 기존의 사업자에 항목을 추가하면 됩니다. 만약 통신 판매업을 겸하는 경우에는 사업지 주소를 기준으로 해당 지역 관청(시청, 군청, 구청 중 하나)에 등록해야 합니다. 최근 통신 판매업에 면허세를 부과하기 시작했기 때문에 일정 금액의 면허세가 매년 부과됩니다. 하지만 통신 판매업의 사업지 주소와 통신 판매업 등록 주소는 사실상 통신 판매업을 하는 데 크게 영향을 끼치지 않으므로, 주소지 등록을 선택할 여지가 있을 경우 어느 주소지로 등록을 하는 것이 면허세가 저렴한지 확인해 보는 것도 세금을 줄일 수 있는 방법입니다. 지자체에 따라 면허세 금액이 다르기 때문입니다.

일단 통신 판매업을 등록하면 네이버 스마트스토어나 쿠팡 등 좀 더 다양한 판매 경로를 확보할 수 있습니다. 물론 현재 대다수 판매자들이 사업자 등록이나 통신 판매업 등록을 하지 않고, 중고나라나 당근마켓, 번개장터 등을 통해 식물을 거래하고 있기는 합니다. 또 이러한 거래 내역들을 국세청에서 일일이 확인해서 모두 과세를 할 수 없는 것도 사실입니다.

따라서 본인의 판매 예정 수량이나 금액, 혹은 본인의 직업, 사업 관계 등에 따라 사업자 등록을 할 것인지, 아니면 개인 거래를 할 것인지 선택할 필요가 있습니다. 다만, 앞에서도 말씀드렸듯이 구매자는 다소 높은 비용을 지불하더라도 좀 더 안전하고 신뢰할 수 있는 곳에서 상품을 구매하고자 하는 욕구가 큽니다. 따라서 사업자 등록을 하고 정식 스토어에 입점해 식물을 판매한다면, 개인 거래에 비해 상품을 노출시키기도 훨씬 쉽고 또 가격도 높게 책정할 수 있습니다.

각각 장단점이 있으니 개인 상황에 따라 잘 판단하셔서 결정하시기 바랍니다.

판매 단위를 최대한 작게 나눌 것

식물을 비싸게 판매할 수 있는 또 다른 방법은 판매 단위를 최대한 작게 나누는 것입니다. 모든 상거래가 마찬가지이겠습니다만, 몬스테라 알보나 희귀종 몬스테라들을 구매하려는 구매자들 역시 가능한 한 해당 식물을 저렴하게 구입하고자 노력합니다. 물론 판매자들이 좋은 물건을 일부러 저렴하게 내놓을 일은 없습니다만, 그래도 구매자는 최대한 자신의 지급 가능 한도 내에서 싸고 좋은 물건을 구매하고자 하는 것이 기본적인 심리입니다.

여기서 생각해야 할 점이 식물은 계속 자란다는 것입니다. 특히 몬스테라 같은 경우 작은 개체를 사든 큰 개체를 사든 몇 개월이 지나면 별다른 차이가 없어집니다. 따라서 구매자는 가급적 작고 저렴한 식물을 사려는 심리가 있습니다. 가격이 제일 비싼, 완벽히 순화된 잎 3~4장짜리 개체보다는 저렴한 미들 삽수, 혹은 그 미들 삽수를 갓 식재한 개체를 선호합니다. 비록 미들 삽수의 잎 무늬를 보장받을 수 없고, 순화하다 죽을 확률이나 무지 혹은 고스트가 뜰 확률이 있다고 하더라도, 구매자는 언제나 뇌 속에서 희망 회로를 돌리며 자신이 산 식물은 분명 좋은 개체일 것이라고, 자신의 선택을 합리화하기 마련입니다.

대다수 초보 구매자들은 식물을 살 때 정확한 판단을 내리지 못하는 경우가 많습니다. 처음 해 보는 식테크에 대한 부담, 거기에 식물 키우는 것에 큰 돈을 쓰는 것을 꺼리는 심리가 더해지면서 저렴한 개체를 사려는 경향을 보

판매를 위해 잎을 1장씩 커팅한 삽수들

입니다. 식물을 잘못 선택할지도 모른다는 불안감을, 초기 비용 절감을 통해 상쇄하려고 합니다.

이성적으로는 순화가 완료된 개체를 구입해 키운 후 몇 개월 뒤에 재판매하는 것이 훨씬 유리하다는 사실을 알고 있면서도 자신이 키운 식물을 제값을 받고 팔 수 있을지 확신할 수 없기 때문에 고가 개체를 선뜻 구매하지 못하고 주저합니다. 경험해 보지 못한 판매에 대한 부담감도 구매 결정에 영향을 미친다고 볼 수 있습니다. 그래서 입문자 대부분이 거의 예외 없이 좀 더 저렴한 미들 삽수 식재 개체를 구매하는 쪽을 선택합니다. 자신이 잘 모르는 분야인 식물 순화 리스크는 작게 판단하고, 자신이 쉽게 체득할 수 있는 금전 리스크는 크게 판단하는 것이죠.

이런 이유 때문에 구매자들은 커팅을 하지 않은 잎 10개짜리 개체보다, 잎 1장짜리 삽수를 식재한 개체에 더 몰리기 마련입니다. 따라서 잎 1장 단위로 커팅을 해서 판매를 하는 것이 10장짜리를 통으로 파는 것보다 훨씬 판매가 쉬우며 가격 또한 더 높게 받을 수 있습니다. 예를 들어 몬스테라 알보 잎 10장짜리 개체가 500만 원이라고 했을 때 이를 단순 계산 해 보면 잎 1장당 50만 원에 판매하는 것이지만, 이를 커팅해서 여러 개를 만들면 잎 1장짜리 미들 삽수를 식재한 개체를 60~80만 원까지도 받을 수 있습니다. 탑 삽수를 식재한 개체라면 120~180만원까지도 받을 수 있겠지요. 사실 이러한 개념은 구매자들의 실제 지불 의사와도 관련지어 설명할 수 있으며, 일종의 도매와 소매의 개념으로 생각할 수도 있습니다. 즉, 도매(잎이 많은 대형 개체)로 판매하는 것보다는 소매(잎 1장짜리 삽수로 나눈 개체)로 판매하는 것이 더욱 비싸게 판매할 수 있을 뿐만 아니라 판매량도 늘릴 수 있는 것입니다.

여기서 판매자일 때와 구매자일 때 차이에 따라 이야기가 달라집니다. 여러분이 초보 구매자라면 탑 삽수를 식재한 것을 사는 것이 맞습니다. 돈을 더 쓰더라도 확률을 높이는 것이 나으니까요. 하지만 판매자라면 미들 삽수를 식재한 개체를 싸게 내놓는 것이 좋습니다. 이유는 하나입니다. 그래야 잘 팔리기 때문이죠. 덧붙여 탑 삽수를 식재한 개체를 판매한다면 커팅한 모주의 모습과 식재 과정을 상세히 소개하고, 최대한 높은 가격으로 내놓는 것이 좋습니다. 다만 탑 삽수는 판매자 입장에서도 무늬 발현이 담보된 좋은 개체이기 때문에, 대부분 판매하지 않고 재번식을 위한 모주로 키우는 경우가 더 많습니다.

요즘은 국립 종자원이 종자산업법에 근거해 삽수 판매를 단속하고 있어서 무조건 흙에 식재한 개체를 판매해야 하고, 이 때문에 잎 1장 식재 개체의 가격이 예전보다 많이 올라갔습니다. 그런데 무늬 아단소니나 델리시오사 원종 계열의 무늬종 같은 경우, 잎과 잎 사이의 간격, 즉 마디 간격이 짧아 커팅이 어려워지기도 하는데, 이렇게 되면 잎 1장당 가격을 책정하기 힘들어 관련 식물 가격이 하락하기도 합니다. 즉 잎 1장당 삽수를 만들어 판매를 해야 가격이 올라가는데, 마디 간격이 짧아 잎 1장마다 커팅이 불가능해지면 잎 2장짜리 삽수를 잎 1장씩 자른 삽수 2개보다 저렴하게 판매하는 상황이 생기기도 하는 것이죠. 이런 흐름이 계속되면 시장 가격이 흔들리면서 전체적인 시세 하락이 올 수 있습니다.

실제 무늬 아단소니의 경우, 해당 품종의 번식 속도가 빨라 시장에 물량이 많이 풀린 것도 문제가 되었지만, 그보다는 마디 간격이 짧아 커팅이 어렵다는 이유로 잎이 여러 장 달린 개체가 잎 1장짜리 개체와 큰 가격 차이 없이 팔린 것이 전체적인 가격 하락에 영향을 주었습니다. 시장이 이렇게 돌아가고 있던 상황에서도 동일 개체 대비 더 많은 삽수를 만들 수 있는 판매자는 그러지 못하는 판매자보다 유리한 조건에서 식물을 판매할 수 있었습니다. 따라서 여러분이 잎 1장당 삽수를 커팅할 수 있는 정교한 기술을 가지고 있다면, 동일 개체를 보다 더 비싼 가격에 판매할 수 있다는 점을 명심하기 바랍니다. 그러기 위해서는 많이 공부하고 경험을 쌓아 커팅 기술을 키우는 것이 무엇보다 중요합니다.

겨울에 사서 봄에 팔아라

마지막으로 계절에 따른 시세 변화를 기민하게 파악할 수 있어야 식물을 비싸게 판매할 수 있습니다. 보통 열대 관엽 식물은 실외 월동이 불가능하기 때문에 계절 변화에 빠르게 반응할 수밖에 없습니다. 특히 늦가을에서 초겨울 즈음, 날씨가 영하로 떨어지기 시작하면 화원이나 농원은 월동 준비에 들어갑니다. 이때 냉해 문제로 열대 식물을 안으로 들여놓아야 하기 때문에 기존보다 좁은 공간에 식물을 밀집시키는 경우가 많습니다. 이를 피하고자 농원은 본격적인 겨울이 오기 전에 보유 식물 숫자를 최대한 줄이려고 합니다. 그래서 초겨울 즈음이 되면 시장에 많은 물량이 저렴하게 풀립니다.

하지만 구매자 입장에서도 역시 겨울은 식물을 키우기 어려운 시기입니다. 추운 날씨 때문에 식물이 배송 도중 상할지도 모른다는 염려, 지속적인 난방과 관리가 필요하다는 현실적 고민 등 여러 이유로 식물 구매량이 줄어들 수밖에 없습니다. 특히 열대 식물은 더 크게 영향을 받지요. 반대로 겨울이 지나 봄이 오면, 각종 매체에서 꽃과 관엽 식물 관련 내용을 쏟아내기 시작하고 이에 반응하듯 구매량 또한 늘어납니다. 농원들도 이에 맞춰 그동안 키운 물량을 내놓습니다. 하지만 겨울철은 여러 이유로 식물 성장이 더딜 수밖에 없고 번식에도 불리하기 때문에 공급량이 구매량을 따라가지 못합니다. 즉 가격 상승 요인이 발생합니다. 이런 시장 특성 때문에 관엽 식물 시세는 봄철에 가장 높았다가 초겨울에 낮아지는 흐름을 반복합니다.

어떤 분들은 봄철에 농원들이 식물을 많이 내놓기 때문에 가격이 떨어질 것이라 기대하지만, 애초에 몸값이 비싼 희귀 식물들은 가격만 좋으면 겨울철에도 충분히 거래가 이루어지기 때문에 봄이 온다고 해서 물량이 크게 늘어나거나 가격이 떨어지거나 하지는 않습니다. 따라서 여러분이 구매자라면 난방으로 인한 부담으로 농원에서 내놓는 식물이 많은 초겨울에 식물을 구입하는 것이 유리하고, 판매자라면 구매가 늘어나는 봄철에 식물을 판매하는 것이 유리합니다. 이 간단한 이야기를 길게 말씀드린 이유는 명백합니다. 더 높은 수익을 얻기 위해서입니다.

사실 가정에서 식물을 키울 때 겨울이 무조건 불리하기만 한 것은 아닙니다. 특히 아파트 베란다를 튼 공간이나 사무실 등에서 식물을 키울 경우, 비닐하우스 재배를 하는 농원에 비해 유리한 점이 많습니다. 이를 흔히 '실내 재배'라고 부릅니다. 우선 겨울은 여름에 비해 남중고도가 낮기 때문에 햇빛이 비스듬하게 낮게 들어와 실내 깊숙한 곳까지 도달합니다. 천장이 트인 대신 햇빛의 투과율이 떨어지는 비닐하우스와 달리 실내 재배는 대부분 투과율이 좋은 유리로 된 창문이 측면에 위치해 있어 여름보다 햇빛이 들어오는 면적이 좀 더 넓어져 광량이 늘어납니다. 해가 잘 드는 고층이라면 더욱 유리하겠지요.

이에 비해 겨울철 열대 관엽용 비닐하우스는 난방을 위해 비닐을 다중으로 치다 보니 햇빛 투과율이 유리보다 낮습니다. 또한 창문이 유리로 되어 있는 실내 재배의 경우 비닐하우스에 비해 상대적으로 온도 유지가 쉬운 편입니다. 특히 몬스테라는 습도에 크게 영향을 받지 않아서 겨울철 실내 재배를 하기 좋은 식물로 꼽힙니다.

이 외에도 실내 재배는 겨울철 폭설, 여름철 태풍이나 집중 호우 등 갑작스러운 기상 변화가 닥쳤을 때, 또는 정전 같은 예기치 못한 상황이 발생했을 때 대응하기 유리하며, 고가 식물의 도난 위협으로부터도 자유로운 편입니다. 따라서 식물을 가정에서 키우는 것이 전문 농원보다 못할 것이라는 생각은 편견에 불과합니다.

마지막으로 앞의 내용을 다시 한번 정리해 보겠습니다.

■ 몬스테라 알보를 판매할 수 있는 곳

· P2P 판매 플랫폼(중고나라, 당근마켓, 번개장터 등)

· 각종 SNS(개인 블로그, 인스타그램 등)

· 온라인 식물 카페 장터 및 오프라인 식물 장터

· 네이버 스마트스토어나 쿠팡 등(통신 판매 사업자 등록 필요)

■ 비싸게 파는 방법

· 사업자 등록을 하고 정식 온라인 스토어에서 판매

· 식물을 최대한 작은 단위의 삽수로 나누어 판매

· 가격이 떨어지는 초겨울에 구입하여 가격이 오르는 봄에 판매

2
식물 판매 외에 식물로 수익을 내는 방법들

요즘 몬스테라 알보를 포함한 희귀 열대 식물 인기가 지속적으로 높아지고 있습니다. 이를 반영하듯 식물 마니아층 숫자도 증가하고 있고요. 코로나 이전에 열대 관엽 식물 마니아층이 2천~3천 명 정도였다면 현재는 그때보다 약 5배 정도 늘어난 것으로 추정하고 있습니다. 희귀 열대 관엽 식물 카페나 주요 블로거 및 유튜버 등 인플루언서들의 구독자 성장 수치를 참고하면 알 수 있죠. 몬스테라 알보를 비롯한 열대 관엽 식물 관련 사진, 기록, 재배법 등이 하루에도 셀 수 없을 정도로 많이 인터넷에 올라오고 있습니다.

특히 사람들이 많은 관심을 보이는 몬스테라 알보에 관한 정보는 숫자도 많지만, 그만큼 찾아보는 사람들도 많습니다. 이에 따라 몬스테라 알보 등 관련 사진을 인스타그램에 올리거나, 재배법·번식법을 블로그 혹은 유튜브에 올리는 것으로 팔로워나 이웃, 구독자 수를 손쉽게 늘릴 수 있습니다. 몬스테라 알보 사진이나 기록, 영상 등을 꾸준히 올리는 것만으로도 몇 개월 안에 팔로워 1천은 가볍게 얻을 수 있습니다. 실제로 많은 카페에서 SNS 등에 식물 사진을 공유함으로써 마니아층을 카페로 유도하고 있습니다. 또한 카페 공간에서 여러 유명 셀러들, 즉 온라인에서 개인적으로 식물을 번식시켜 파는 마니아층을 모집하여 오프라인 마켓을 열기도 합니다.

이렇게 참여 계층이 늘면 이를 바탕으로 또 다른 수익을 창출할 수 있습니다. 인스타그램의 경우 그 자체만으로는 수익을 창출할 수 없으나 식물 판매의 경로로 삼을 수 있고, 블로그나 유튜브는 자체적인 광고를 통해 매달 일정 수익을 얻을 수 있습니다. 또한 이러한 지명도를 다른 사업에 적용하여 수익을 창출하는 방법도 있습니다. 실제로 수많은 오프라인 식물 카페들이 희귀 열대 관엽 식물을 들여와 카페를 홍보하면서 이름을 높이고 있습니다. 이러한 식물 카페들은 기존의 카페에서 음료나 음식을 판매해 창출하는 수익 외에도, 식물이나 원예 관련 용품을 판매함으로써 경제적 이득을 얻고 있습니다. 이러한 과정을 통해 별도의 광고비 없이도 카페를 홍보하고, 식물을 통해 부가적인 수익도 창출하는 것입니다.

요즘같이 코로나 유행으로 인한 언택트 시대에 온라인 홍보는 선택이 아닌 필수 사항이 되었습니다. 학원을 운영하고 있는 제 경우만 봐도 온라인 홍보 없이 학원을 유지하기란 무척 힘든 상황입니다. 저뿐만이 아닙니다. 학원을 평가하는 엄마들의 입소문 역시 요즘은 오프라인이 아닌 온라인 맘카페 등을 통해 전파되고 있으며, 온라인 공간에서 벌이는 홍보는 결국 사업의 성패를 좌우하는 중요한 요소 중 하나로 자리 잡았습니다. 수업에 실패한 학원은 살아남아도, 홍보에 실패한 학원은 살아남지 못하는 기이한 현상이 일어나고 있는 셈입니다. 이러한 상황에서 많은 요식업 가게들도 온라인에서 존재감을 드러내고 자신들을 알리고자 노력하고 있습니다. 자체적인 인스타그램 계정이나 블로그를 운영하기도 하고, 전문적인 광고 기업이나 인플루언서에게 홍보를 의뢰하는 일도 이제 흔한 일이 되었습니다.

제 제자들 중에는 자신이 이용한 카페나 식당 등의 음료 혹은 음식 사진을 올리고 팔로워를 크게 늘려 여러 가게로부터 협찬을 받는 경우가 꽤 있습니다. 동네 술집이나 카페 등은 물론, 고급 레스토랑이나 일식집 등에서도 제자에게 음식 사진을 올려 달라고 요청합니다. 음식을 공짜로 대접하기도 하고 소정의 금액을 지불하는 경우도 있습니다. 그리고 이러한 홍보 협찬은 1주일에도 10여 건씩 들어오고, 제자는 이 중에서 적절한 협찬만을 골라 인스타그램에 사진을 올립니다. 이러한 인스타그램 계정을 '먹스타그램'이라고 부를 정도로 활성화되어 있는 상태입니다. 이 외에도 명품이나 뷰티 쪽 인스타그램 계정을 운영하는 제자도 많습니다. 즉, 너도나도 자신을 드러내면서 홍보하고, 또 지명도를 활용해 다른 사람의 홍보를 도와주고 수익을 창출하는 온라인 홍보 시대라고 할 수 있겠습니다. 이러한 시기에 희귀 열대 관엽 식물은 고정적인 팔로워나 구독자를 만들 수 있는 아주 좋은 아이템입니다.

  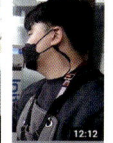 

식테크가 유행하면서 다양한 유튜브와 방송 등에 출연하고 있다.

저 역시 제자들의 권유로 몬스테라 알보와 그 외 식물 관련 인스타그램과 유튜브를 시작하였고, 인스타그램은 3개월 만에 팔로워 1천 명을 돌파하였습니다. 유튜브 역시 지속적으로 성장하고 있으며, 이를 바탕으로 각종 매체에서 인터뷰와 방송 출연 요청을 받는 등 약간 유명해지기도 했습니다. 이 외에도 협찬을 해 주겠다는 업체도 생겨났고, 구매 문의도 크게 늘었습니다.

미래 시대는 오프라인에서 활동하던 유명인이나 기존 방송 연예인만큼이나 온라인상 유명인들도 더욱 큰 힘을 갖게 될 것입니다. 온라인에서의 평판과 지명도가 경제적 이익과 파급력을 가져오는 것은 현재도 이미 충분히 확인된 상황이고, 앞으로 이러한 양상은 더더욱 가속화될 것입니다.

전 세계적으로 NFT 시장이 확장되는 현상 역시 희귀 열대 관엽 시장 발전에 영향을 미치고 있습니다. 실제 동남아 지역에서는 이미 식물 이미지를 사용한 NFT 시장 거래가 활발히 이루어지고 있으며, 국내에서도 점차 이러한 시장이 형성되고 있습니다. 특히 몬스테라 알보와 희귀 무늬종 몬스테라의 경우 각각의 잎들이 서로 다른 무늬를 형성하기 때문에, 이러한 이미지를 NFT로 등록하여 자신만의 독창적인 디지털 자산을 만들 수 있습니다.

희귀 열대 관엽 식테크 시장은 비단 식물 판매를 통한 수익 창출 외에도 다양한 부가 수익을 창출할 수 있다는 장점 때문에 현재도 많은 사람들이 관심을 가지고 있고, 앞으로 더 많은 사람들이 참여할 시장으로 성장할 것입니다. 특히 그동안 식물에 무관심했던 20대 젊은 층의 신규 유입 역시 고무할 만한 점이고요. 또 단순히 식물을 재배하고 이를 판매해 얻는 수익 외에 IT 기술과 접목된 수익 창출 방법이 늘어나는 현재 상황을 고려하면, 희귀 열대 관엽 식물들은 추후 단순히 식물 자체의 가치뿐 아니라 사이버 자산으로서의 가치도 더더욱 확고히 형성될 것으로 예상합니다.

3
식테크의 미래와 전망, 신품종 개량과 해외 수출

모든 것에는 유행이 있고, 그 유행은 끝이 있기 마련입니다. 현재 식테크의 중심에 있는 몬스테라 알보 역시 언젠가는 그 유행이 끝나겠죠. 물론 향후 1년 정도는 현재의 인기가 유지되고, 가격도 크게 떨어지지는 않을 거라고 예상하고 있습니다만, 영원한 것은 없으니까요. 그럼 과연 앞으로 식테크 시장은 어떻게 변화하고, 몬스테라 알보를 포함한 희귀종 몬스테라들의 가격은 어떻게 될까요?

사실 앞에서 조금씩 언급한 부분이지만 강조하는 차원에서 다시 한번 말씀드리겠습니다. 많은 분들이 식테크를 이야기하면서 네덜란드의 튤립 투기, 그리고 국내의 춘란이나 다육이의 유행 사례와 비교를 많이 합니다. 하지만 몬스테라 알보 및 희귀종 몬스테라의 붐은 튤립 투기나 춘란, 다육이와 비슷한 점도 많지만 다른 점도 상당히 있습니다.

우선 튤립의 경우 구근 식물이기 때문에, 땅속에 구근을 심어 둬야 하는 시기가 있습니다. 바로 겨울에서 봄까지죠. 그리고 꽃이 개화하였다가 지고 난 뒤에, 구근을 수확해서 잘 말린 뒤 그 구근을 거래하는 방식입니다. 즉 튤립은 거래할 수 있는 시기가 정해져 있었다는 것이죠. 실제로 튤립을 키워 보신 분들은 아시겠지만, 보통 튤립 구근을 구입할 수 있는 시기는 거의 구근을 심는 시기 직전인 가을에서 초겨울쯤입니다. 그래서 실제 거래가 끊기는 기간 전에 거래량이 몰리고, 그로 인해 갑작스러운 시세 폭등이나 폭락이 일어날 수 있습니다. 그에 비해 몬스테라 알보는 열대 식물이라 겨울철 거래가 다소 제한적인 측면이 있기는 하지만, 보온만 신경 써 준다면 사계절 내내 언제든 거래가 가능합니다.

또한 다육이나 춘란의 경우는 한때 유행을 통해 가격이 엄청나게 상승했다가 조직 배양으로 인해 가격이 폭락한 케이스입니다만, 몬스테라 알보의 경우 조직 배양을 하더라도 무늬가 제대로 유지되기 힘들어서 대량 생산이 사실상 불가능합니다. 씨앗을 통해 명품 돌연변이가 나올 확률도 극히 드물고요.

몬스테라 알보가 다른 희귀종 몬스테라에 비해 가격이 저렴한 이유는, 오랫동안 번식이 되어서 개체 수가 다른 희귀종 몬스테라에 비해 많기 때문이지, 품종으로서의 가치가 낮아서 그런 것은 아닙니다. 사실 몬스테라 알보는 선명하고 아름다운 무늬 때문에 많은 사람들이 좋아하고 인기도 많아서 식테크 열풍 이전부터 꾸준히 번식 과정을 거쳐 개체 수가 늘어난 품종입니다. 그래서 낮은 가격대를 형성하게 된 것이죠.

하지만 다른 대량 생산 식물처럼 씨앗이나 조직 배양을 통한 번식이 이루어지지 않고, 하나하나 사람의 손으로 삽목을 해서 번식시켜야 하는 번거로움이 있는 데다가 순화 중 죽을 위험도 큽니다. 이 때문에 농원에서도 직원을 통해 대량으로 생산하기보다는 사장이 혼자 번식을 시키는 경우가 많습니다.

따라서 몬스테라 알보 가격이 폭락할 만한 요인은 그동안 식테크 대상이 되었던 다른 식물들에 비해 많지 않습니다. 더구나 몬스테라 알보는 다육이나 춘란처럼 동아시아 등 특정 지역에서만 유행하고 있는 것이 아닙니다. 북미, 유럽, 일본, 동남아 등지에서 모두 유행을 하고 있죠. 그래서 해외의 대형 농장에서도 몬스테라 알보를 키우고 있는 실정입니다. 다만, 규모가 큰 경우라고 해도 화분 수백 개 정도가 일반적이고, 그보다 더 많은 수의 알보를 키우는 경우는 많지 않습니다. 해외 시장 역시 금액대가 커서 번식이나 관리를 남에게 맡기는 것이 어렵기 때문입니다.

또한 현재 우리나라는 바나나뿌리썩음병의 원인인 뿌리썩이선충 청정국으로 뿌리썩이선충의 기주 식물인 몬스테라속 식물 수입을 제한하고 있습니다. 일부 국가의 경우는 아예 수입이 금지되어 있고, 수입이 가능한 몇몇 국가들도 까다로운 검역 과정을 거쳐야 하며, 검역 중 단 하나의 표본에서라도 뿌리썩이선충이 발견될 경우 함께 수입한 식물을 모두 다 폐기해야 하기 때문에 수입 리스크가 큰 상황입니다. 그래서 국내의 경우 국제 시세보다 3배까지 비싼 가격이 형성되는 것이죠.

또한 이러한 수입 제한 조치가 풀리더라도, 국제 시세가 저렴하지는 않아서 몬스테라 알보 가격의 저점은 어느 정도 정해져 있는 셈입니다. 만일 몬스테라 알보가 국제 시세보다 떨어질 경우에는 무늬 아단소니처럼 해외 수출로 판로가 이어지면서 가격 하락을 저지할 가능성이 높습니다. 저 역시 몬스테라 알보를 키우면서 계속 화분 수를 늘리고 있는데, 그 이유는, 몬스테라 알보 가격이 추후에 아무리 떨어진다 하더라도 잎 1장당 10만 원 이하로 떨어지지는 않을 거라는 믿음 때문입니다. 알보 열풍이 시작되기 이전에도 알보 가격은 잎 1장당 10만 원 이하로는 떨어지지 않았으니까요.

더불어 아직 중국에서 몬스테라 알보가 유행하고 있지 않다는 점도 앞으로 시세가 한 번 더 급등할 수 있는 요인입니다. 물론 현재 중국에서도 몬스테라 알보를 재배하고 있습니다만, 이는 해외에 수출하기 위한 것일 뿐 중국 내에서는 아직 열대 관엽 열풍이 불지 않았습니다. 하지만 중국을 제외한 대부분 국가에서 열대 관엽 식물이 유행 중이고, 이러한 유행은 SNS를 통해 더욱 확장되고 있기 때문에 조만간 중국 시장에서도 시작된다면 전 세계적으로 다시 한번 커다란 열풍이 불 가능성이 매우 높습니다.

춘란이 유행한 지는 수십 년이 되었고, 다육이가 유행한 지도 10년 가까이 되었습니다. 그에 비해 열대 관엽 식물 시장은 이제 3~4년 정도가 되었을 뿐입니다. 일부 마니아층 사이에서만 거래가 이루어지던 것이, 지금은 플랜테리어 유행 및 식테크 열풍으로 점점 그 시장이 커지고 있죠. 아직도 더욱 더 성장할 여력이 남아 있다는 뜻입니다. 더군다나 그동안 유행이었던 다육이나 춘란은 특정 계층이나 특정 연령대에서만 향유한 듯한 분위기가 있었습니다만, 열대 관엽 식물 유행은 세대나 계층 구분을 두지 않습니다. 또 다육이나 난과 달리 열대 관엽 식물을 취급하는 농원은 그리 많지 않죠. 전국의 많은 식물 카페들 역시 아직 희귀 열대 관엽을 취급하지 않는 곳이 많습니다. 따라서 시장은 앞으로도 꾸준히 확장될 가능성이 크고, 시장이 확장되고 있는 한, 몬스테라 알보와 희귀종 몬스테라의 가격은 유지될 것입니다.

장기적으로 봤을 때, 언젠가는 몬스테라 알보의 가격도 떨어질 것입니다. 그러나 튤립, 다육이, 춘란처럼 급작스러운 가격 붕괴는 일어나지 않을 것입니다. 급격한 가격 붕괴를 가져올 요소, 즉 거래 중단 시기나 대량 생산 가능 방법이 없기 때문입니다. 수요와 공급의 논리에 따라 어느 정도 가격이 유지되다가 서서히 내려가겠지요.

여기서 생각해 봐야 하는 것은 몬스테라 알보의 성장 속도는 가격 하락 속도보다 우선한다는 점입니다. 몬스테라 알보 가격이 서서히 하락하는 초겨울 시기에도 언제나 몬스테라 알보의 성장 속도는 가격 하락 속도보다 빨랐습니다. 즉, 가격 하락 시기에도 수익을 창출하고 있었다는 것이죠. 오히려 몇몇 이슈들로 몬스테라 알보 가격이 폭등한 적이 있을 정도입니다.

여러 상황을 종합해 봤을 때, 몬스테라 알보의 성장 속도는 시장 불안정성을 염려하는 계층이 전량 매각에 나서는 돌발 행동을 방어하는 효과가 있습니다. 가격이 웬만큼 떨어져도, 몬스테라 알보를 모두 팔아 버리는 것보다 계속 번식시키는 것이 이득이라는 점을 시장이 말해 주고 있기 때문입니다. 이런 저변 환경은 더 많은 사람들이 몬스테라 알보를 식테크 수단으로 구입하도록 유도할 것입니다.

이처럼 시장의 붕괴 가능성이 낮은 몬스테라 알보는 현재 폭락 위험에서 벗어나 있다고 봐야 하며, 하향세를 탄다고 해도 국제 시세까지 서서히 가격이 하락하는 완만한 곡선을 그릴 것으로 예상할 수 있습니다. 이후에도 식테크 열풍 이전 정도의 가격선에서 유지가 되리라고 봅니다. 왜냐하면 몬스테라가 열대 관엽 시장에서 갖는 상징성과, 그중에서도 몬스테라 알보의 하얀 무늬가 지닌 심미성이 몬스테라 알보의 가격 자체를 일정 수준으로 유지해 줄 것이기 때문입니다. 즉, 일회적인 열풍이 아니라 식물 자체가 지닌 가치가 높다는 점에 주목해야 합니다.

거래량이 많다는 것도 몬스테라 알보 가격을 유지해 주는 요소가 될 수 있습니다. 경제학적으로 거래량이 많은 재화는 그 자체로 화폐적 가치를 가지게 됩니다. 그 재화에 대한 꾸준한 수요와 높은 환금성이 가치를 증명하니까요. 애초에 사람들이 가상 화폐에 가치를 부여하게 된 이유를 보면 높은 거래량과 환금성이 차지하는 부분이 상당히 컸습니다. 또한 몬스테라 알보와 같은 원예 작물은 1차 산업 생산물이기 때문에 부가가치세가 없으며, 작물재배업이나 시설작물재배업으로 신고를 할 경우 소득세가 연간 10억 원까지 면세가 되는 장점이 있습니다. 따라서 앞으로도 상당한 기간 동안 시세를 꾸준히 유지할 가능성이 높습니다.

그렇다면 앞으로 식테크 시장은 또 어떻게 흘러갈까요? 아마 몬스테라 알보의 유행이 지나가면 또 다른 식물이 그 자리를 차지할 확률이 높습니다. 전 세계적으로 플랜테리어를 포함한 원예 식물 시장은 점점 커지고 있을 뿐 아니라 다양성을 추구하고 있으니까요.

따라서 현재의 식테크 식물 외에도 새롭게 유행할 식물을 보는 눈이 필요합니다. 이러한 정보는 해외 SNS 등을 통해 어떤 새로운 식물들이 소개되는지를 확인하고, 이를 발 빠르게 직접 수입하거나, 이미 들어온 식물을 남보다 앞서 분양받는 것도 하나의 방법이 될 수 있습니다. 이런 방법 외에도 스스로 새로운 관엽 식물 품종을 개량하고, 이렇게 개량한 식물을 해외로 수출하는 방법도 있습니다. 실제로 저 역시 해외에서 수입한 몬스테라 씨앗을 한국원자력연구원 산하 첨단방사선연구소에 의뢰해서 돌연변이 확률을 높인 후, 대량으로 발아시켜 그중에서 돌연변이 품종을 골라내는 작업을 하고 있습니다. 이런 품종 개량은 저뿐만 아니라 현재 국내 일부 다른 농원에서도 진행 중입니다만, 새로운 품종을 개발하는 일이 극히 어려운 것은 사실입니다.

사실 최근까지 국내 열대 관엽 식물 시장은 수입업자들이 주도해 왔습니다. 수입업자들이 새로운 식물을 수입해 오면서 SNS나 온라인 식물 카페 등을 통해 유행을 만들고, 그 식물이 다 소비되면 다시 새로운 식물을 수입해 파는 식이었죠. 이 과정에서 많은 식물들이 높은 가격으로 치솟았다가, 1년 만에 가격이 떨어지기를 반복했습니다. 한정된 마니아층에게만 소비되는 식물들이었기 때문에 거래량이 많지 않았고, 유행이 끝나고 나면 다시 돌아보지 않는 식물이 되어 버렸던 것이죠.

하지만 몬스테라 알보의 경우 식물 시장의 확장과 더불어 3년 동안이나 유행의 중심에 서 있었고, 이러한 특별한 사례가 식물 시장의 변화를 가져왔습니다. 수입업자와 일부 상위 셀러 들만 식물 판매를 통해 돈을 버는 구조에서, 일반 소비자들이 재판매를 통해 돈을 벌 수 있는 구조로 시장이 변화하고 확대된 것이죠.

　이후 식물 시장에서는 식물 구매 경제력을 갖춘 일부 마니아층이 개인적으로 식물을 수입하기 시작했고, 그때부터 식물 수입 경쟁에 불이 붙었습니다. 어떤 식물이건 남보다 발 빠르게 국내로 수입해서 판매를 하면 돈이 되는 시장이었죠. 그러다 보니 국제 열대 관엽 시장에서 한국이 소비 위주 국가에 머무는 동안 일본이나 태국 같은 열대 관엽 생산 강국들은 해외 수출을 통해 굳건한 지위를 차지했습니다. 이를 통해 짭짤한 외화 벌이를 하고 있기도 하지요.

　저 역시 다른 많은 수입업자들처럼 식물을 수입해서 팔 생각도 해 보았습니다만, 그보다는 국내에서 자체적으로 신품종을 개량하는 것이 더 좋겠다는 결론을 내렸습니다. 그래서 논문도 찾아보고, 교수님들께 자문도 해서 품종 개량에 도전하게 되었습니다. 사실 개인이 하기에는 녹록지 않은 과정이었습니다만, 2년 정도의 시간을 투자하여 약간의 결과를 낼 수 있었습니다. 해외에서 통칭 민트 몬스테라라고 불리는 개체들 중, 특이한 산반 무늬 개체를 처음으로 개량하게 된 것이죠.

직접 개량에 성공한 민트 몬스테라

만일 여러분이 신품종 개량을 원한다면 식물 수입과 더불어 화학적 돌연변이(유전자 가위를 통한 유전자 재조합 및 변형)나 방사선에 의한 돌연변이(방사선을 쬐어 자연적 돌연변이 확률 증가) 쪽을 공부해야 할 것입니다. 이러한 분야를 공부하기 위해서는 대학이나 대학원의 관련 학과 과정을 밟거나, 개인적으로 농업 관련 공부를 하는 것이 좋습니다. 그리고 정식으로 사업자 등록을 해서, 여러 가지 국가 창업 장려 사업에 도전해 지원금을 받는 것도 도움이 됩니다. 현재 국가에서 지원하는 1차 산업 및 6차 산업(1차 산업에 서비스업을 더한 형태)을 지원하는 제도가 많기 때문에 좀 더 관심을 가지고 본격적으로 시간과 자본을 투자한다면, 추후 더 큰 사업으로 확장시킬 수 있는 가능성이 충분히 있습니다.

물론 새로운 품종을 개량하는 것은 절대 쉬운 일이 아닙니다. 일반인이 도전하기에는 많은 연구와 노력, 자본이 들어가는 일입니다. 이렇게 새로운 품종을 개량하면 그것은 세상에서 오직 하나밖에 없는 식물을 만드는 셈입니다. 어떻게 보면 유명 식당에서 자신만의 고유한 레시피를 가지고 있는 것에 비유할 수 있을 것 같습니다. 직장 생활을 하면서 소소하게 재테크 개념으로 접근한다면 앞서 말한 것처럼 몬스테라 알보나 그 상위종의 식물을 키워서 판매하는 것만으로도 충분히 수익을 낼 수 있습니다. 다만 현재 새로운 창업을 준비하거나 진로를 고민하고 있는 분들이라면 열대 희귀 품종을 개량해서 수출하는 일에 도전해 보기를 바랍니다. 새로운 블루 오션을 내 힘으로 개척한다는 자부심은 돈으로 살 수 없는 것이니까요.

세대를 떠나 앞으로 더 많은 사람들이 본격적으로 이 시장에 뛰어들고, 신품종을 연구한다면 열대 관엽을 수입만 하는 나라에서, 식물의 품종을 개량해 해외에 수출할 수 있는 나라가 될 수 있습니다. 이것이 식물을 키우고 사랑하는 사람으로서 갖고 있는 작은 바람입니다.

씨를 뿌려 특이한 무늬가 나온 사례

부록

식집사의

세계

1 식집사들의 용어와 어원

요즘 '식집사'라는 말이 널리 쓰이고 있습니다. 어디서 온 말일까요? '고양이'를 키우던 사람들 사이에서 떠받들듯 고양이를 키우는 것이 마치 주인을 모시는 '집사'와 같다고 해서 '냥집사'라는 말이 생겼고, 그렇게 생긴 신조어가 이후에 식물을 키우는 사람들 사이에도 유행해 '식집사'라는 말이 나오게 되었습니다. 같은 맥락에서 식물에 물을 주는 것도 마치 집사가 시중을 드는 것 같다고 하여 '물시중'이라고 부릅니다.

'식집사' 외에 '식덕'이라는 말도 널리 쓰이고 있는데, 이 말의 뜻을 이해하기 위해서는 일본어 '오타쿠'라는 말이 생긴 기원을 알아야 합니다. '오타쿠'는 원래 1990년대에 일본에서 일었던 문화 현상의 한 특징을 집약한 용어로, 일본어 높임 표현인 '오(御)'에 집을 뜻하는 '타쿠(宅)'를 합쳐 만든 말입니다. 이 말은 원래 '귀댁' 정도의 의미인데 뜻이 전성되어 특정 분야에 빠진 사람들이 주로 집에 머물며 해당 분야에 몰두하는 현상, 혹은 그런 사람을 가리키는 말로 쓰였습니다. 특히 애니메이션에 빠져 있는 사람을 '아니메(アニメ, 애니메이션을 일컫는 일본어) 오타쿠', 게임에 빠져 있는 사람을 '게무(ゲム, 게임의 일본어) 오타쿠'라고 부르죠.

이 '오타쿠'란 용어가 국내에 들어와 한국어 발음처럼 '오덕후'라는 말로 바뀌었고, 이걸 줄여서 '덕후'라고 부르게 되었습니다. 여기에 행위를 뜻하는 접사 '-질'을 붙여 '덕후질'이라고 칭하게 되었는데 이를 또 줄여서 '덕질'이라고 부르게 된 것이죠. 이러한 '덕후'와 '덕질'이란 단어를 식물 마니아들이 가져와 만든 신조어가 '식덕', 즉 '식물덕후'이고, 식물을 향한 마니아적 행위를 뜻하는 '식덕질'로 파생되었습니다.

'식집사', '식덕'이라는 말과 더불어 '식멍'이라는 말도 유행하고 있습니다. 원래 '(정신이) 멍하다'라는 말에서 변형된 신조어에 '멍때리다'라는 표현이 있습니다. 아무 생각이 없이 멍하게 있는 것을 속되게 표현한 것이죠. 이 '멍때리다'라는 단어에 여러 상황을 결합하여 다시 또 새로운 신조어가 만들어지게 되었는데, 바로 '물멍', '불멍' 등입니다. '물멍'은 바다나 강, 호수 등을 바라보며 멍하니 있는 것을 말하며, '불멍'은 모닥불이나 벽난로 불 등을 바라보며 멍하니 있는 것을 말합니다. 여기서 힌트를 얻어 식집사들이 다시 새로운 단어를 만들어 내는데, 그것이 바로 '식멍'입니다. 식물을 바라보며 멍하니 있는 행위, 혹은 식물을 바라보며 마음을 비우고 힐링을 하는 행위를 '식멍'이라고 부르게 된 것이죠.

그 외에 식물이 죽게 되면 '죽었다'라는 표현 대신 완곡어법을 써서 '초록별로 가다', 혹은 '무지개다리를 건너다'라고 하기도 합니다. 식물을 향한 애정과 애틋한 마음을 완화된 표현을 통해 간접적으로 돌려 말하는 것이죠.

식물들의 풀네임, 즉 정식 학명이 너무 길어서 줄임말로 부르는 경우도 많습니다. 일단 '몬스테라 보르시지아나 알보 바리에가타'의 경우 '알보몬'으로 줄어 부르고, '몬스테라 아단소니 바리에가타'의 경우 통상 '무늬 아단소니'라고 부르는데 이걸 또 줄여서 '무단이'라고 부릅니다.

또 '몬스테라 델리시오사 타이 컨스터레이션'의 경우 흔히 '무늬 몬스테라'라고 해서 '무늬몬' 혹은 '무몬'이라고 줄여 부르고, '몬스테라 델리시오사 아우레아 바리에가타' 혹은 '몬스테라 보르시지아나 아우레아 바리에가타' 와 같은 개체들은 흔히 '옐로우 몬스테라'라고 하는데, 이를 또 줄여서 '옐몬' 이라고 부릅니다.

이 외에도 '필로덴드론 플로리다 뷰티'를 줄여서 '플뷰', '알로카시아 프라이덱 바리에가타'를 흔히 '무늬 프라이덱'이라고 하는데, 이를 또 줄여서 '무프덱', '필로덴드론 버럴막스 바리에가타'를 줄여서 '버막바', '에피프레넘 피나텀 바리에가타'를 줄여서 '에피바리'라고 합니다. 그 외에 무늬가 들어간 식물들을 '바리에가타'의 준말로 '바리'라고 부르기도 하고, 무늬가 잘 나온 개체를 '무늬 천재'라고 해서 '무천이'라고 부르는 경우도 있죠.

몬스테라의 찢어진 잎은 '찢잎', 공중뿌리는 '공뿌', 번식 때 사용하는 물꽂이는 '물꼬', 펄라이트에 식재하는 것은 '펄꼬', 수태에 식재하는 것은 '수태꼬'라고 줄여 부르기도 합니다. 실내 습도는 '실습', 식물이 자라지 못하고 멈춰 있는 것은 또 '얼음'이라고 부르기도 하죠.

이 모두 다 온라인 식물 카페에서 통용되고 있는 단어들이고, 식물 카페에 가입해서 활동한다면 어렵지 않게 이 단어들을 볼 수 있을 겁니다. 처음에는 낯설겠지만 곧 익숙해지고, 또 익숙해져야 카페 활동 등을 할 때 편리하므로 익혀 두시기 바랍니다.

식물을 키울 화분에 사용하는 흙 배합은 더 재미있습니다. 흙 배합을 처음 만든 온라인 식물 카페 회원의 아이디를 그대로 따오는 경우가 많은데, '수원티티'라는 회원이 만든 배합법은 '티티배합(적옥토 소립 70% + 동생사 소립 30%)'이라고 부르고, '숭구리당당'이라는 회원이 만든 배합법은 '당당배합(바크 50% + 상토 25% + 펄라이트 20% + 훈탄 5%)'이라고 부릅니다. 둘 다 배수가 좋은 편으로 알려져서 회원들 사이에서 이 배합법이 널리 퍼지기도 했습니다.

식집사 용어를 이야기할 때 토분도 빠질 수 없는데요. 요즘 인기가 많은 국내 수제 토분들 중 가장 유명한 '두갸르송'의 경우엔 '두갸', '카네즈센'의 경우엔 '카네'라고 줄여 부르기도 합니다. 국내 수제 토분 시장은 열대 관엽 식물 열풍이 불면서 더불어 크게 성장하였는데, 다음 파트에서는 수제 토분의 세계에 대해서도 이야기해 보겠습니다.

정식 용어	약식 용어	줄임말
몬스테라 보르시지아나 알보 바리에가타 Monstera deliciosa var. borsigiana albo vairegata	몬스테라 알보	알보몬
몬스테라 아단소니 바리에가타 Monstera adansonii variegata	무늬 아단소니	무단이
몬스테라 델리시오사 타이 컨스터레이션 Monstera deliciosa var. Thai constellation	무늬 몬스테라	무늬몬 / 무몬
몬스테라 델리시오사 아우레아 바리에가타 Monstera deliciosa var. aurea variegata 몬스테라 보르시지아나 아우레아 바리에가타 Monstera deliciosa var. borsigiana aurea variegata	옐로우 몬스테라	옐몬
필로덴드론 플로리다 뷰티 Philodendron Florida beauty	플로리다 뷰티	플뷰
알로카시아 프라이덱 바리에가타 Alocasia frydek variegata	무늬 프라이덱	무프덱
필로덴드론 버럴막스 바리에가타 Philodendron Burlemarx variegata	-	버막바
에피프레넘 피나텀 바리에가타 Epipremnum pinnatum variegata	-	에피바리
바리에가타(무늬 들어간 식물) variegata	-	바리

2
식집사들의 명품,
수제 토분의 세계

본격적으로 식물을 키우다 보면 자연스럽게 그 식물을 담는 화분에도 관심을 가질 수밖에 없습니다. 재료에 따라 화분도 다양한 종류가 있는데요, 우선 점토에 유약을 바르지 않고 구운 토분이 있습니다. 다른 화분에 비해 통기성이 뛰어나 과습을 방지할 수 있으며 뿌리가 발달하는 데 도움이 된다고 알려져 있습니다. 다만 잘 깨진다는 단점이 있지요. 또 점토에 유약을 바른 도자기 화분(자기분)도 있고요. 그 외에 플라스틱 화분, 시멘트 화분, 테라스톤 화분 등 다양한 제품이 시중에서 판매되고 있습니다.

다양한 토분

↑ 왼쪽 : 자기분
↑ 오른쪽 : 시멘트 화분
↓ 플라스틱 화분

예전에 저는 '카네즈센karnezcen'이라는 토분을 즐겨 찾는 팬이었습니다. 그래서 네이버에 '카네즈센'이라는 카페를 직접 만들어 운영을 하기도 했죠. 지금은 그 카페를 카네즈센 대표 이사께 양도해 드렸고, 카페에서 별도 활동은 하지 않고 있습니다만, 지금도 꽤 많은 카네즈센 토분을 가지고 있습니다.

엄밀히 말하면 카네즈센은 '토분'이 아닙니다. 고화도에서 구워 낸 자기분에 가깝죠. 그리고 여기에 유약을 바르면 '유약분'이 됩니다. 도기를 구울 때 가마 소성 온도에 따른 구분은 다음과 같습니다. 유색 점토로 800℃ 내외에서 소성하면 '토기', 유색 점토로 1,100℃ 내외에서 소성하면 '도기', 유색 점토로 1,200℃ 내외에서 소성하면 '석기', 그리고 백색 점토로 1,250℃ 이상에서 소성하면 '자기'라고 부릅니다. 하지만 일반적인 상황에서 소통할 때는 토분과 자기분(혹은 고화도 토분), 유약분이라는 표현 정도만 사용하고, 전문 용어는 사용하지 않는 편입니다.

카네즈센 토분

몇 년 전까지 국내 수제 토분 시장은 '두갸르송deuxgarçons'이라는 업체가 주도하고 있었습니다. 도자기 선진국인 우리나라에서 토기, 혹은 자기 화분과 같은 생활용품을 만드는 것은 예술 활동과는 거리가 먼 것으로 여겨졌고, 따라서 지명도가 있는 작가들은 화분 만드는 것을 꺼렸습니다. 화분은 공장에서 대량으로 생산해서 판매하는 것이 일반적이었죠. 그러던 국내 토기 화분 시장에 해외 유학파 작가가 만든 수제 토분이 엄청난 파급 효과를 가져왔습니다. '두갸르송'을 우리말로 하면 '두 남자'라는 뜻인데요, 이곳에서 만든 유럽 스타일의 수제 토분이 온라인에서 입소문을 통해 엄청난 인기를 끌게 된 것이죠.

두갸르송은 온라인 카페를 통해 커뮤니티를 형성하고, 카페 공지를 통해 온라인으로 판매하였는데요, 점차 입소문이 나면서 온라인 카페에 많은 마니아층들이 모여들게 되어 현재 회원 수는 약 2만 명 정도입니다. 그리고 이런 두갸르송의 인기에 힘입어 확고한 사생팬 집단이 형성되기도 했습니다. 카페 내에서 두갸르송의 판매 방식을 놓고 불만들이 몇 번이고 제기되었는데, 카페 내 열성 회원들의 지지가 워낙 커서 이러한 문제들이 조용히 묻히곤 했던 사례들이 있습니다. 그리고 지금도 두갸르송은 온라인 판매 원칙을 고수하고 있고, 오프라인에서는 종로의 노가든, 창원의 보타미, 제주의 야자나라 등 단 세 곳에서만 판매하고 있습니다.

두갸르송 토분이 인기를 끌자 후발 주자로 수많은 국내 수제 토분 메이커들이 런칭했는데 그중 가장 유명한 토분이 카네즈센입니다. 두갸르송이 약간 남유럽의 시골 느낌이 나는 토분을 만든다면, 카네즈센은 세련된 도시적 느낌의 토분으로 인기를 끌었습니다. '카네즈센karnezcen'이라는 이름은 라틴어로 '소라게'라는 뜻이며, 두갸르송보다 얇은 두께의 성형과 다양한 색상으로 인기를 끌었죠. 그 결과 두갸르송과 카네즈센은 현재 우리나라 토분계의 양대 산맥이 되었고, 그 외 많은 수제 토분들이 군웅할거식으로 난립하고 있는 상황에서도 두 메이커는 확고한 디자인으로 다른 토분들이 따라오기 힘든 존재감을 과시하고 있습니다.

다양한 두갸르송 토분

왼쪽 : 두갸르송 링팟, 오른쪽 : 두갸르송 자르팟

보통 화분은 어떤 형태냐에 따라 구분되고, 색과 굽는 방식 등에 따라 회사 자체에서 모델명을 정합니다. 두갸르송을 대표하는 화분은 링팟ring pot(화분 상단 입구를 두껍게 말아 링 모양으로 만들어 그립감을 살린, 실용적이면서도 아름다운 화분 형태), 그중에서도 유약을 반쯤 덧씌운 유약 링팟이 가장 인기가 많습니다. 유약분의 반들반들한 느낌과 더불어 기본적인 화분의 특징을 잘 살린 데다가, 두갸르송 로고가 주는 마력이 합쳐져 아주 고급스러운 분위기를 주기 때문이죠. 더불어 두갸르송 화분을 구입하면 사은품으로 구경 8cm짜리 미니 화분을 주는데 통상 '영팔이'라고 불리는 링팟으로, 이것만을 전문적으로 컬렉팅하는 마니아들이 있을 정도로 인기가 많은 화분입니다.

이에 비교해 카네즈센을 대표하는 화분은 시드팟seed pot(아래는 둥글고, 화분 상단 입구 부분은 깔대기 모양으로 퍼지게 만든 화분 형태)이며, 기본 컬러 세 가지(위스키 브라운, 캐슬 브라운, 시티 그레이) 중 시티 그레이가 가장 인기가

카네즈센 시드팟

많습니다. 세 색상 중 가장 고화도이며 가격대가 비싸지만, 푸른색이 도는 짙은 회색에 약간 거칠한 질감이 도시적이고 세련된 분위기를 잘 연출하기 때문입니다. 또한 카네즈센에는 두갸르송의 '영팔이'와 비슷한 베이비 팟baby pot 시리즈가 있습니다. 역시 구경 9~10cm 안팎의 작은 화분으로 컬렉터들에게 인기를 끌고 있습니다.

두 메이커 외에도 다양한 수제 토분들이 나오고 있는데요, 국내 수제 토분들의 가격은 국내 막토분이나 해외 수입 토분에 비해 훨씬 비싼 것이 사실입니다. 하지만 비싼 만큼 퀄리티가 높기 때문에 식물 마니아들 사이에서는 국내 수제 토분들이 명품과 비슷한 개념으로 취급되고 있습니다. 그래서 마치 백화점 명품을 구입하기 위해 오픈런을 하듯, 온라인에 판매 고지가 올라오자마자 1초도 안 되어 모든 물량이 매진되는 현상을 볼 수 있습니다. 특히 두갸르송의 경우 온라인으로 구입에 성공만 하면, 구입한 제품을 곧바로 중고나라 등에 되팔아 2배 정도의 수익을 챙길 수 있기도 하죠. 그래서 현재 토분 시장은 식테크 시장만큼이나 과열되어 있는 상태이고, 지금도 수많은 토분 메이커들이 새롭게 등장하고 있는 실정입니다.

그렇다면 과연 공장에서 대량 생산 되는 토분과 수제 토분은 어떤 차이점이 있을까요? 사실 수제 토분이라는 정의가 다소 애매한 부분이 있기는 합니다. 수제 토분으로 알려져 있는 두갸르송이나 카네즈센도 새로운 디자인을 만들거나 소량의 제품을 만들 때는 물레 성형을 하지만, 추후 대량으로 생산할 때는 몰드mould로 찍어 내는 경우가 많습니다. 물론 이 경우에도 마감은 사람이 하기 때문에 보통 수제 토분으로 명명하지만, 공장에서 대량으로 생산하는 토분과 어떤 차이가 있는지 명확히 설명하기 힘든 부분이 있는 것도 사실입니다. 그럼에도 현재 국내 토분 시장이 브랜드와 디자인을 앞세운 고부가 가치 사업인 것만은 확실하다고 볼 수 있습니다.

또한 토분의 효용성에 대해서도 말이 많은 것이 사실입니다. 토분이 수분을 흡수해서 식물의 과습을 막고 어느 정도 통기성을 유지한다는 의견도 있지만, 실제로는 큰 효과가 없다는 주장도 만만치 않습니다. 특히 고화도 토분이나 자기분, 유약분으로 제작하는 경우에는 저화도 토분의 수분 흡수나 통기성 같은 장점이 사라지기 때문에 단순히 패션 토분일 뿐이라는 이야기도 많이 나오고 있지요.

토분의 장점이라고 할 수 있는 통기성과 과습 방지 효능은 의문점이 있는 반면, 잘 깨진다는 단점은 명확합니다. 안 좋은 시선으로만 보면 '비싸고 잘 깨지는 화분'이라고 단정해도 과언은 아닙니다. 하지만 이 화분들만의 독특한 '아름다움'은 그 모든 물음표를 느낌표로 만들어 버리기에 충분합니다. 유명 국내 토분들이 지닌 디자인적 심미성은 절대 무시할 수 없는 요소이기 때문에 많은 마니아들이 고가의 토분을 앞다퉈 사 모으고 있는 상황입니다. 또 고가 행진 중인 식물 가격도 비싼 토분을 구입하고 싶게 만드는 한 요인이 되고 있습니다. 희귀 고가 식물에 걸맞은 명품 옷을 입혀 주고 싶은 식물 마니아들의 심리가 작용하고 있는 것이죠.

한편 신생 토분 메이커 등에서는 개인 주문을 통해 새로운 디자인의 토분을 만드는 것도 가능합니다. 실제로 저 역시 과거 '블랑누아blancnoir'라는 메이커에 저만의 디자인을 적용한 토분을 주문하기도 했습니다. 몬스테라를 키우기에 적합한 대형 사이즈에, 운반이 편리한 상단 링ring을 가진 저면관수 스타일의 토분이었죠. 하지만 구조상 두께가 두꺼워지면서 무게가 너무 나가는 단점 때문에 대량 주문은 포기했던 기억이 있습니다. '블랑누아' 역시 현재는 중견 수제 토분 메이커로 자리 잡고 고유 디자인으로 토분 제작을 하고 있습니다. 만일 여러분이 자신만의 토분을 만들어 보고 싶다면 이러한 메이커에 의뢰를 해 보는 것도 한 방법입니다.

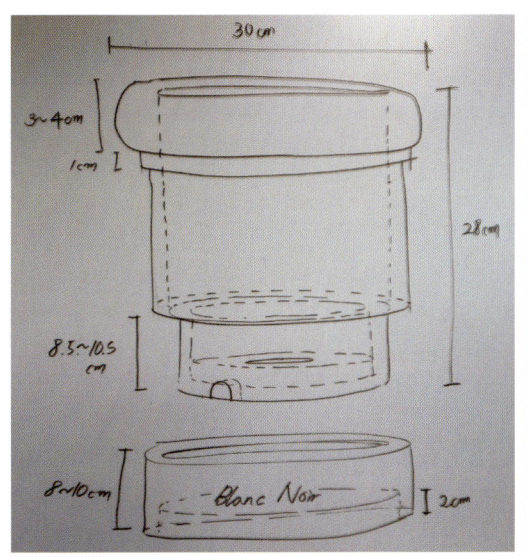 

블랑누아 토분 주문 디자인과 완성품
당시에는 개인 주문 제작이 가능했다(현재는 불가).

    해외에도 명품 수제 토분이라 불리는 베르그bergs potter 토분이 있습니다. 베르그 토분은 덴마크의 도자기 화분 브랜드로 이탈리아 토스카나에 위치한 도자기 작업장에서 제작하고 있습니다. 사실 토분이라고 소개했지만 실제로는 유약분과 토분 두 가지 버전을 생산하며, 화분과 화분 받침saucer을 세트로 해서 판매하는 것이 특징이자 장점입니다. 참고로, 국내 토분 메이커들은 제작 단가에 비해 판매 가격이 낮기 때문에 화분 받침를 따로 만들지 않거나, 특별한 경우에만 제작하고 있습니다. 이 외에도 대량으로 생산해서 저렴하게 판매하는 토분으로는 독일 스팡spang이나, 이탈리아 데로마deroma 등이 있으니 본인의 기호에 맞게 구입하면 됩니다.

    저는 식물을 많이 키우고 있어서 무거운 토분은 거의 사용하지 않고, 홈가드닝 쇼핑몰인 '데팡스몰'에서 네덜란드 친환경 플라스틱 화분인 엘호 그린빌 라운드elho greenville round 화분을 구매해 씁니다. 화분 자체가 가볍기도 하지만, 몬스테라 같은 대형 관엽을 키우기 위해서는 화분 크기도 중요하기 때문입니다. 토분의 경우 큰 사이즈를 찾는 것 자체가 쉽지 않거든요. 그래서 자연히 플라스틱 화분으로 옮겨 가게 되었습니다. 엘호 화분을 선택한 것은 기능성 외에도 디자인이 마음에 들었기 때문입니다. 물론 두갸르송과 카네즈센, 그리고 독일 스팡과 이탈리아 데로마 토분을 쓰고 있기도 합니다. 사실 식물의 아름다움을 가장 잘 살리기 위해서는 화분이 중요한데, 거기에는 토분만 한 게 또 없으니까요.

엘호 화분

3 식집사들의 활동 무대

마지막으로 식집사들은 어떤 활동을 하고, 관련해서는 어떤 커뮤니티가 있는지 이야기해 보려고 합니다. 우선 온라인에서 식집사들이 가장 많이 활동하는 공간은 아무래도 네이버나 다음 등에 있는 온라인 식물 카페입니다. 그중에서도 네이버 식물 카페의 활동이 두드러지죠. 식테크 열풍 이전부터 식물 전반에 걸쳐 마니아층을 아우르던 '식물이 있어 행복한 사람들', 일명 '식행사' 카페가 대표적이고요, 여기서 희귀 열대 관엽 마니아층이 분리되어 나온 '알뜰한 식물 생활(일명 알식)'과 희귀 열대 관엽 유명 셀러가 만든 네이버 열대 식물 카페 '푸릇' 등이 유명합니다. 특히 '알식'이나 '푸릇'의 경우 카페 내 온라인 마켓은 물론 오프라인 마켓을 열기도 해서 많은 열대 관엽 마니아들과 셀러들이 활동하고 있죠.

온라인뿐 아니라 오프라인 식물 카페에서도 개인 셀러들이 식물을 판매하는 마켓이 열리기도 하는데요, 이러한 마켓은 주로 손님을 대상으로 홍보를 하기 위해 식물 카페 측에서 주도적으로 진행을 합니다. 이러한 식물 마켓을 가장 처음으로 선보였던 식물 카페는 파주 헤이리 마을에 있는 '칼라디소토'입니다. 이곳은 식집사들 사이에서 가장 유명한 식물 마켓인 '시크릿가든'을 진행해 왔고, 현재도 진행하고 있죠. 또한 '칼라디소토'의 이름으로 만든 디자인이 예쁜 토분도 제작하고 있는데, 다른 유명 수제 토분들과 마찬가지로 판매 때마다 매진 행진을 이어 가고 있습니다.

칼리디소토 - 경기 파주시 탄현면 헤이리마을길 59-138, 031-949-7676

칼리디소토에서 만든 토분

이 외에 다른 식물 카페들과 달리 식물을 키워 공급할 수 있는 대규모 농원을 구축하고 홍보를 통해 지명도를 얻은 동탄의 '꽃꽂한 당신'과, 시기상으로는 조금 늦은 2020년부터 몬스테라 알보를 취급하기 시작했지만 적극적인 홍보를 통해 전문 카페의 이미지를 갖추게 된 기흥의 '카페노크' 등도 대규모 식물 마켓을 열고 있습니다.

이런 식으로 많은 식물 카페가 식물 마켓을 여는 이유는 카페 홍보와 식물 판매를 통한 수익이 상당하기 때문입니다. 그리고 개인적으로 식물을 키우던 셀러들은 이러한 마켓을 통해 식물을 판매하기도 하고, 인지도를 얻기도 합니다. 따라서 이러한 오프라인 식물 카페의 마켓에는 많은 셀러들과 구매자들이 모이고, 평소 구하기 힘들었던 식물을 실제 눈으로 보고 구입할 수 있다는 장점 때문에 아침부터 구매자들이 번호표를 받아 수백 명이 줄을 서는 경우도 많습니다.

꽃꽂한 당신(식물ㅋㅍ) - 경기도 화성시 동탄기흥로257번나길 4-2 1층, 031-377-1211

노크 - 경기 용인시 기흥구 용구대로 1910, 031-305-7775

　이 외에 식물 마니아들이 많은 교류를 하는 온라인 매체로는 인스타그램과 네이버 블로그, 유튜브 등이 있습니다. 인스타그램의 경우 해시태그를 통해 '#식집사, #몬스테라알보, #두갸르송' 등을 검색하면 수많은 '식스타그래머(식물을 키우는 인스타그래머)'들을 발견할 수 있으며, 또한 '#monsteramonday, #rareplants, #plnatsmakepeoplehappy' 등을 검색하면 더 많은 해외 가드너들을 만나볼 수 있습니다. 특히 인스타그램은 국내에 아직 없는 해외 식물들을 다수 검색할 수 있고, 또 'DM(다이렉트 메시지)'을 통해 해외 셀러들과 교류하는 창구가 되기도 합니다. 이처럼 수많은 열대 관엽 마니아들과 셀러들이 인스타그램에서 활동을 하고 있으며, 또한 인스타그램을 통해 판매와 구매도 이루어지고 있습니다.

　네이버 블로그의 경우 여러 유명 셀러들뿐 아니라 초보 가드너들도 각기 자신의 식물들을 분양하는 창구인 동시에 다양한 식물 관련 정보를 서로 나누고 습득할 수 있는 창고입니다. 인스타그램에 비해 좀 더 다양하고 양질인 정보들을 찾을 수 있기도 하고요. 유명 셀러들의 블로그는 식물 카페에서 많은 활동을 하는 회원들의 프로필을 보면 확인할 수 있습니다. 유명 셀러들은 대부분 카페 활동을 하면서 개인 블로그도 함께 운영하니까요.

그 외에 요즘은 유튜브를 통해 식물 재배 노하우를 알려 주고 판매하는 사람들도 생기고 있습니다. 유튜브는 블로그보다 더 높은 광고 수익을 낼 수 있는 데다가 문자보다 영상에 익숙한 젊은 세대의 유입을 노릴 수 있기 때문에 유용한 매체입니다. 또한 요즘에는 나이 많은 어르신들도 블로그보다는 유튜브를 더 친근하게 여기는 경우가 많아서, 유튜브의 열대 관엽 분야는 많은 셀러들과 인플루언서들이 노력하는 경쟁의 장이 되었습니다.

여러분도 혹시 관심이 있고 여력이 된다면, 자신의 식물을 키우면서 식테크를 하는 모습을 영상에 담아 유튜브에 올려 보는 것은 어떨까요? 이미 늦었다고 생각하는 때가 가장 빠른 때입니다. 열대 관엽 식물 분야가 레드 오션이 되기 전에 식물 관련 영상들을 차근차근 올리다 보면, 몇 년 뒤 어느새 유명 유튜버가 되어 있는 자신의 모습을 발견하게 될 수도 있지 않을까요?

몬스테라 알보로 시작하는
식테크의 모든 것

초판 발행 2022년 4월 30일

지음 박선호
펴낸이 박정우
편집 고흥준
디자인 디자인 이상

펴낸곳 시월
출판등록 2019년 10월 1일 제 406-2019-000107 호
주소 경기도 고양시 일산동구 문봉길62번길 89-23
전화 070-8628-8765
E-mail poemoonbook@gmail.com

ⓒ 박선호
ISBN 979-11-91975-04-8(03520)

* 값은 뒤표지에 적혀 있습니다.
* 잘못 만든 책은 구입하신 서점에서 바꾸어 드립니다.
* 이 책은 저작권법에 따라 보호받는 저작물이므로 무단 전재와 무단 복제를 금합니다.